DESPRE SENSUL VIEȚII

cu Mihai Morar și Părintele Necula

Descrierea CIP a Bibliotecii Naţionale a României
MORAR, MIHAI
Despre sensul vieţii cu Mihai Morar şi Părintele Necula /
Mihai Morar. - Bucureşti : Bookzone, 2021
ISBN 978-606-9748-53-4

I. Necula, Constantin

2

Grafician copertă: **Cezar Mandă**
Redactor: **Mariana Alexandru**
Tehnoredactor: **Anca Marisac**

Editura Bookzone
Şoseaua Berceni nr. 104, sector 4, Bucureşti
Comenzi şi informaţii:
Telefon: +40 774 091.579; +40 770 584.429
E-mail: office@bookzone.ro
www.bookzone.ro

DESPRE SENSUL VIEȚII

cu Mihai Morar și Părintele Necula

Conversații consemnate de Alexandru Panait

Bookzone
BUCUREȘTI, 2021

Prefață

ÎNSĂȘI VIAȚA

Când L-am simțit prima oară...?

Eram fraged. Nici chiar prunc, dar încă nu flăcău. Trebuia să fie primăvara timpurie a lui nouăzeci și ceva. Ațipisem în camera mea, după orele de școală, obicei sfânt al siestei de prânz pe care mi-l păstrez până în ziua de azi. Țin minte, fotografic, pledul maro din flanel de pe recamier, perdeaua albă, înflorată, pe care mama avea grijă să o păstrez mereu pliată în cute perfecte, covorul persan cu franjurii aranjați, micul meu birou din lemn masiv recondiționat de tata dintr-o întreprindere comunistă, dulapul meu cu haine puține, care avea pe ușă un abțibild de la cafeaua Eduscho (singurul semn că intrasem deja în Vremea Nouă, capitalistă, și, totodată, abia acum îmi dau seama, o profeție că îmi voi deschide, cândva, o cafenea).

Toate erau la locul lor atunci. Aveau grijă ai mei să fie așa. Țineau mult la ordine și curățenie, la „lună și bec". Și eu eram la locul meu. Unde să fie locul meu, dacă nu acasă? Dar aveam să aflu mult mai târziu, cum află orice copil plecat devreme de acasă. Însă asta e altă poveste. Iar ce vă descriu eu aici e o fotografie pe care nu am făcut-o niciodată și încerc s-o developez azi, după aproape 30 de ani. Și s-o așez la locul ei.

Ațipisem, cum v-am spus, în acest decor în care am uitat să adaug un singur element: lăsasem fereastra cu rame albe a camerei mele puțin crăpată. Iar când m-am trezit din puiul de somn, în cuibul meu de copil intrase deja toată Primăvara. Era un miros de crud, pe care de atunci l-am căutat în toate *eau de parfum*-urile lumii, în toate femeile vieții și l-am găsit în notele de nou-născut, când a fost să-mi țin nou-născutele în brațe.

Am făcut ochi în acea după-masă și Soarele trimisese la mine în cameră, printre blocurile lui Ceaușescu, un fascicul de lumină, unul singur, care scălda încăperea într-un ocean de Lumină. Și-am făcut ochii mari. Și-am făcut, pentru prima oară conștient, sufletul mare. Copacii din fața garajelor blocului, care ajungeau până la noi, la etajul doi, înverziseră deja, dar abia atunci am avut timp să văd asta. Abia atunci am avut și urechi să aud și cântecul unei păsări grăbite să dea Vestea noului început. Iar eu, la vârsta aia neliniștită, întins în patul meu, respiram atâta Liniște câtă nu mai simțisem până atunci.

Eram fraged. Și aveam atâta Viață...

E cea mai puternică amintire a mea din copilărie. Mulți ani mi-a fost teamă, de câte ori mi se adresa această întrebare-clișeu, să o povestesc. Întâi, pentru banalitatea ei. Apoi, pentru intimitatea ei. Chiar și acum, când o scriu pentru prima oară, o scriu rugându-l pe copilul interior să nu se supere că am spus secretul nostru.

Dar atunci, în primăvara aceea timpurie, din nouăzeci și ceva, proaspăt trezit din somnul după-amiezii, L-am simţit pentru prima oară...

Toate erau la locul lor. Eu eram la locul meu. Ai mei, toţi, erau şi erau bine. Şi, chiar dacă nu apar în fotografia asta pe care nu am făcut-o niciodată, sunt şi ei prezenţi. La fel cum, în fotografie, sunt prezente toate visurile mele de copil, toate jocurile, şi curtea blocului, şi ultima bancă din clasă, în care îmi găseam locul, şi casa bunicilor, şi taberele la Năvodari... E prezenţă chiar şi în absenţă.

Dar aceasta e cea mai puternică amintire din copilărie pentru că era pentru prima dată când am conştientizat, în viaţa asta, că există momente în care poţi să nu faci nimic, să nu te joci, să nu alergi, să nu aştepţi, să nu te gândeşti la ceva, să nu îţi doreşti ceva, momente în care, pur şi simplu, doar eşti.

Atunci, am realizat că sunt. Şi aveam atâta Viaţă...

Poate că mă veţi întreba dacă L-am mai simţit de atunci? De nenumărate şi de-multe-uitate ori. Când am iubit imponderabil, pentru că eu cred că nimic nu-i mai apropiat de „a fi" decât „a iubi", iar „a iubi" absolut se confundă cu „a fi". Când mi-am văzut gemenele, primele născute, prin geamul incubatorului pentru prematuri de la maternitate, şi, mai târziu, peste aproape 10 ani, când Mara şi Cezara erau deja mari, când am primit, înainte de Crăciun, Semnul că voi fi din nou tată, fără să mai sper că asta s-ar mai putea întâmpla vreodată. Să dai Vieţii copii... până la urmă, asta e suprema putere a lui „a fi". Şi, totodată, dovada că ar trebui să aşezăm „a fi" deasupra lui „a face", „a avea", „a etcetera"...

Dar noi folosim până şi în vorbirea curentă, inconştientă, „facem copii", „facem dragoste"... Cum ar fi să înlocuim de fiecare dată când rostim „facem dragoste" cu „suntem dragoste"... Nu ne-am apropia, oare, mai mult de Viaţă? Nu ne-am da, oare, mai multă Viaţă nouă înşine?

Şi, da, L-am simţit de mai multe ori din acea după-masă de primăvară timpurie, din copilărie. În răsărituri şi asfinţituri, în de toate şi-n nimicuri, când nici nu m-aşteptam, când nici nu visam, când nici nu mai speram, când, pur şi simplu, doar eram. Eminescu a descris desăvârşit: „Am înţeles că un om poate avea totul neavând nimic, şi nimic având totul."

Am avut de atâtea ori totul şi nu am avut, de fapt, nimic. Am şi acum şi o să tot am. Scriu aceste rânduri cu puţin timp înainte de a împlini 40 de ani. Nu-s mai înţelept, poate doar am învăţat să fiu mai atent la mine. Poate, într-o zi, voi învăţa, cu adevărat, să fiu... Până atunci, voi continua să am, să fac, să vreau, să mă gândesc şi să mă răzgândesc, să greşesc enorm şi să răz-greşesc imens, să mă supăr pe mine şi pe cei din jur, să ţip, să urlu, să înjur, să-mi fie teamă uneori, să-mi fie frică adeseori, să fiu mereu nemulţumit sau, dimpotrivă, supremul mulţumit, să am totul şi, de fapt, să n-am nimic. Dar, acum ştiu, momentele care mă pot împlini sunt acelea fără „a avea", „a face", „a dori", Viaţa locuieşte în casa lui „a fi".

Scuzaţi-mi derapajul poetic, de valoarea unui cenaclu literar de gimnaziu, dar mi-e dragă poezia. Iar mie poezia mi-a salvat viaţa de mai multe ori.

Am scris asta, mai demult:

Poezia e atunci când
Nu mai simţi niciun gând
Şi din tălpi până în minţi
Gândeşti tot ce simţi.

Găsesc în poezii acel foarte, foarte aproape de „a fi". Dar, e posibil, să nu mai convingi, în vremurile prozaice de acum, cu o banală poezie. De aceea, am să vă spun iar o poveste. Oamenii vor căuta mereu poveşti...

Vreţi să vă spun când L-am mai simţit?

Într-un alt moment în care nu făceam nimic. Nici nu-mi doream, nici nu visam. Poate că era o perioadă când eram chiar îndepărtat de mine, lucram pentru binele altora, nu pentru sinele meu, trudeam pentru realizări şi validări exterioare, în dezacord cu vocile mele interioare.

Sufeream cronic de sindromul omului care devine ceea ce face, şi nu ceea ce este. Eram (şi nici nu ştiam) viitor pacient al Spitalului Universal al Cetăţenilor care Trăiesc cu Regrete. Ştiaţi că există un asemenea spital? Doar că pacienţii umblă liberi, prin lume, te întâlneşti cu ei la fiecare pas. Acum câţiva ani, Karl Pillemer, profesor la Universitatea Cornell, a chestionat 1 500 de persoane trecute de 65 de ani. A vrut să afle care este cel mai mare regret la sfârşitul vieţii. Le-a zis bătrânilor „înţelepţi" şi i-a considerat „experţi". Printre cele mai mari regrete, la vârsta când nu mai e timp pentru toate, se află: regretul că nu au fost mai atenţi când şi-au ales partenerul de viaţă, regretul înstrăinării de familie, regretul de a nu fi spus ce au simţit şi regretul de a fi călătorit prea puţin. Dar cel mai mare regret al vârstnicilor „experţi" nu au fost nici banii pierduţi, nici afacerile prost gândite, nici măcar viciile. Cele mai multe regrete vizau timpul pierdut din cauza grijilor. Bătrânii consideră că timpul este cel mai preţios timp din lume, iar faptul că şi l-au pierdut gândindu-se la lucruri care, în fapt, nu s-au întâmplat sau nu aveau cum să fie controlate este cea mai mare greşeală a vieţii lor.

Cum vă spuneam, eram într-o perioadă a vieţii de acumulare... de regrete. Am citit undeva că noi, oamenii, putem funcţiona în două moduri: de victime sau de creatori. Putem fi victimele societăţii, ale vocilor din jurul nostru, ale fricilor, ale tiparelor, de cele mai multe ori, propriile noastre victime. Sau, indiferent ce ne spune lumea sau ce urlă vocile din capul nostru, putem fi creatori: atunci când ne lăsăm adevărul să vorbească, atunci când vorbeşte tare inima. Suntem creatori atunci când ne dăm voie să fim.

Acesta a fost punctul în care mi-am pus trei întrebări:

1. **Ce îmi place să fac, din toată inima?**
2. **Ce/cine mă inspiră să fac ceea ce iubesc?**
3. **Ceea ce iubesc are un impact asupra altor oameni?**

N-am găsit răspunsul. Pentru că nu a trebuit să-l caut nicăieri. A trebuit doar să-l descopăr. Era în mine. Vocea mea interioară mi-a dictat aceste cuvinte: „FAIN ȘI SIMPLU”. Și L-am simțit cu tot ceea ce sunt eu.

N-am știut, atunci, în ziua aceea, ce să fac cu aceste cuvinte. Habar n-aveam că voi lansa, mai apoi, podcastul cu numele acesta, că îmi va aduce în cale atâția oameni de la care voi învăța cum să ascult, cum să mă ascult, cum să iubesc și cum să mă iubesc. Habar n-aveam că vor asculta atâtea milioane de oameni episoadele „Fain și Simplu” și că va avea un impact atât de puternic și pozitiv asupra lor. Habar n-aveam că unul dintre episoadele acestui podcast va fi punctul de pornire al unei cărți.

Nu e nicio experiență mistică în ceea ce vă povestesc, dar, odată ce ai descoperit drumul, el ți se va arăta, vei ști cum să îl construiești. Trebuie doar să fii atent la tine și blând cu tine.

Cine-L caută îl poate găsi. Dar cine-L descoperă va fi. Dar cine e El?

E Cel pentru care nu trebuie să ceri nimănui răspunsuri. E Cel pentru care nu trebuie să aștepți de la nimeni validarea. E Cel care rămâne în tine atunci când nu mai e nimic și poți simți că ai totul. E Cel care, atunci când te golești, te face să te simți prea-plin. E Cel pentru care merită să trăiești. E Cel care ești.

Pentru mine, cel fraged, trezit în toată primăvara din camera casei părintești, sau cel copt, retrezit în „Fain și Simplu”, acesta este Sensul Vieții. Nu știu alt sens al vieții decât Însăși Viața.

E una dintre cele mai întâlnite întrebări de pe fața Pământului, rostită sau nerostită: „Cum îmi găsesc Sensul în viață?" Și, de multe ori, putem să ne apropiem de răspuns prin negare: „Care sunt lucrurile lipsite de sens din viața mea?" Atâta amar de timp ne pierdem negându-ne viața... Cred că ar fi chiar sănătos să ne facem, din când în când, o listă cu anti-sensuri, non-sensuri, zero-sensuri și, doar prin asta, ne-am apropia un pic de Adevăr...

Ne place să ne ținem departe de Viață. Frica, bunăoară, e unul dintre non-sensurile vieții. Și, mai ales, cea mai mare dintre ele: frica de moarte. Nu e singura, o mulțime de alte frici, nici nu ne dăm seama cât de multe, pornesc de la frica de moarte. Așa, ne îndepărtăm de sensul vieții. „Dacă mori înainte să mori, nu o să mori atunci când mori", scrie, în alfabet grecesc, deasupra unei uși a Mănăstirii Sfântul Pavel din Muntele Athos. Și atunci, nu ăsta e Sensul? Să trăiești și azi, și să trăiești până mori. Să vrei să mori doar atunci când mori. E, totuși, atâta ne-murire în Viață...

Pentru asta, e suficient să ne redescoperim. Ce suntem? Ființe. Iar cuvântul „ființe" vine de la „a fi", și nu de la „a face", „a avea", „a etcetera"...

Suntem de o ființă... Și avem atâta Viață...

Cu dragoste,
MIHAI MORAR

PROLOG

Nu există coincidențe, ci poate doar o necunoaștere exactă a mecanismelor subtile ale Universului, spunea Jorge Luis Borges, considerat, alături de Kafka și Pessoa, unul dintre autorii fundamentali ai secolului XX. Și cât adevăr în cuvintele astea, nu-i așa? Nu există deloc coincidențe. Nu, refuz să cred asta! Mai ales acum. Cine ar fi crezut vreodată că o discuție amicală avea să vadă lumina tiparului și să se transforme într-o carte? În paginile astea pline de sevă pe care le țineți acum în mână se află tipărite, ca niște mici efigii, ce vor trece cu siguranță proba timpului, îndrăznesc să afirm, vorbe de credință, de înțelepciune duhovnicească, dragoste de oameni, întrebări asupra unor probleme esențiale, curiozități banale, microuniversuri. Ce urmează să citiți este mult mai mult decât o simplă discuție la cafea între doi prieteni, e un dar făcut din inimă, pentru inimi!

Pentru această întâlnire deosebită, am făcut o călătorie, într-o zi absolut superbă, spre un loc tare fain şi simplu: Sibiu. Pe cât de simplu, pe-atât de fain! Dar, vai, cât de greu este uneori să ajungi la simplitatea asta! E un drum lung şi frumos pe care l-am bătut până aici, pornind dintr-un Bucureşti din ce în ce mai aglomerat şi sufocat. Dacă o să aveţi puţină răbdare de-a lungul cărţii pe care urmează să o citiţi, vă promit, veţi vedea că tot drumul acesta nu a fost deloc în van şi că el nu este, în esenţă, decât un efort total nesemnificativ, dacă stau doar şi mă gândesc la abundenţa darurilor pe care le-am primit la capătul lui. Un *El Camino* românesc, dacă vreţi. Aceste daruri aş dori să le împart şi cu voi, dragilor, dar numai dacă-mi îngăduiţi, desigur!

Ştiu că multă lume e profund nemulţumită de condiţiile de mers din ţară, dar este drumul meu preferat cu maşina, dintre toate celelalte drumuri pe care am mai mers până acum! Pentru mine, drumul de pe Valea Oltului e totuna cu drumul către casă şi reprezintă, bunăoară, şi cea mai frumoasă parte a călătoriei, pentru că e încărcat de importanţă istorică: e graniţa din vremuri de demult dintre Ţara Românească şi Ardeal! Şi e absolut încântătoare senzaţia de libertate pe care ţi-o oferă, aceea că poţi să treci dintr-un loc în altul fără a mai aştepta la graniţă, între două regiuni ale României care au fost despărţite atâta şi-atâta amar de timp. E un sentiment de unire, un sentiment de unitate, pe care eu îl trăiesc de fiecare dată când circul pe Valea Oltului.

Pregătindu-mă de întâlnirea ce avea să mă schimbe definitiv la finalul ei, pe drum am ascultat câteva conferinţe ţinute de cel care avea să-mi fie, preţ de câteva ore, interlocutor, sfătuitor, confident, prieten. Trebuie să vă mărturisesc că, în timp ce făceam asta, am trăit o experienţă de *mindfulness creştin*. Mi-a plăcut mult, mult, nu vă mint! M-am simţit binecuvântat de glasul, de mintea şi de preaplinul sufletului Părintelui, pe care, cu ocazia rândurilor acestei cărţi, la rândul meu, vi le dăruiesc vouă, dragii mei prieteni!

MIHAI MORAR

Mihai Morar: Părinte Constantin Necula, vă tare mulțumesc că mă primiți într-un loc în care glasul nostru capătă niște sonorități aproape mistice, în mijlocul unui milion de cărți depozitate aici, în biblioteca Facultății de Teologie din Sibiu!

Părintele Constantin Necula: Eu îți mulțumesc că ai bătut drumul până aici și făcând asta ai demonstrat lumii un lucru deosebit de important: că nu lenea ne desparte, ci, mai degrabă, că frățietatea ne apropie! Mulțumesc foarte mult!

M.M.: Vă tare mulțumesc că mi-ați acordat șansa dialogului cu dumneavoastră, că începem această conversație și că, ascultându-vă meditația, dacă-mi permiteți această formulare, eu am avut o senzație extraordinară de *mindfulness creștin*. Doar ascultându-vă cuvântul! Vreau să vă felicit și să vă mulțumesc, totodată, pentru faptul că sunteți unul dintre puținii oameni care încă mai vorbesc o limbă română *impecabilă*! Dincolo de faptul ăsta, dați o putere incredibilă cuvintelor din limba română. Eu cred cu tărie în puterea cuvântului, acea putere a cuvântului despre care făcea referire și Marshall McLuhan în *Galaxia Gutenberg*. Mi se pare că dumneavoastră reușiți să faceți lumea mai bună prin cuvânt și prin binecuvântare... Fapt care mă duce cu gândul la prima întrebare.

Credeți că este posibil să mai poți schimba lumea prin puterea cuvântului astăzi? Mai ales astăzi?

P.C.N.: Eu zic că da. Dar te-aș ruga mult să nu mă mai lauzi, că altfel plec, să știi! Mă ridic și plec!

M.M.: Promit să nu mai fac asta!

P.C.N.: Că mi-e greu... Cel mai greu îmi este să le dau note studenților mei și să mi se dea note, la rându-mi. Îți mulțumesc frumos pentru prietenie și vreau să te asigur că aprecierile sunt comune! Cred că acesta este și unul dintre motivele pentru care suntem împreună, aici, astăzi! Dar, înainte de a-ți răspunde, aș dori să precizez importanța locului unde suntem, și anume că ne aflăm în biblioteca Facultății de Teologie. Tot ce-am învățat datorez fluxului generos de informații de aici. Studenția mea, în mare parte, și cea a generației mele, deopotrivă, au fost cu burta pe carte, cu învățat serios, pe bune. Eram copii săraci, marea majoritate, și ne copiam de mână toate cărțile de studiu. Cine ne-ar mai crede pe noi acum dacă i-am spune că prin 1991 noi încă mai copiam de mână cărți, exact ca acei călugări din *Numele Trandafirului* de Umberto Eco? Făceam asta având constantă și vie prezența fricii ca nu care cumva să se schimbe regimul și, într-o zi, să ne trezim dintr-odată că nu mai avem cărți!

M.M.: Aveți vreo amintire specială din acest loc?

P.C.N.: Amintiri din bibliotecă ar fi multe, pentru că mi-am petrecut o bună parte a studenției aici, dar uite, mă voi rezuma doar la una pentru moment. Fix aici unde suntem noi, în capătul coridorului acestuia îmbibat de infinit, care este biblioteca, în 1991, mai spre toamnă, ca să ne dea burse, Părintele Mircea Păcuraru a făcut un efort, pe care noi, la vremea respectivă, nu l-am prea înțeles. Cerința în sine era ciudată și nepotrivită unui asemenea loc. A trebuit să spargem un zid. De ce toate acestea? mă vei întreba. Ei bine, într-un colț al bibliotecii fusese construit un zid fals, în spatele căruia se aflau toate cărțile interzise de comuniști. Acolo le-au păstrat, timp de patru decenii!

M.M.: Incredibil...

P.C.N.: Prin anii 1950 cred că fuseseră zidite acolo, sub cârmuirea lui Nicolae Bălan. Ei credeau și sperau că lucrurile se vor schimba. Cât a așteptat Părintele Păcuraru, săracul, să spargă zidul ăla, numai Dumnezeu știe! Și ne-am trezit cu o mică comoară!

M.M.: A fost un fel de *unboxing*...

P.C.N.: Da, cam așa! A fost momentul în care am primit în mână, de exemplu, *Dezrobirea religioasă a românilor ardeleni* a lui Silviu Dragomir, autor care era interzis și el în vremurile acelea tulburi și triste! Am mai primit și un volum din Blaga atunci, mi-aduc aminte ca și când s-ar fi întâmplat ieri! În drum spre casă, strânsesem deja un teanc așa, de dimensiuni considerabile, aproape uriaș! Am plecat cu el în brațe de la parter, de-aici de jos, de la bibliotecă, până la dormitor, la etajul doi. De-abia când am intrat în clasă, am conştientizat că am intrat la Teologie! Chiar dacă intrasem eu primul pe listă, la Facultatea de Teologie intri cu adevărat numai atunci când profesorii tăi îţi dau cărţi!

M.M.: De intrat, aţi intrat primul. Dar la terminarea facultăţii, tot primul aţi fost?

P.C.N.: Hm... păi cam da, că n-aveam cum altfel, aş fi luat bătaie!

M.M.: De la mama?

P.C.N.: Nu de la mama, nu neapărat de la mama! Explicaţia e alta: eu am ţinut foarte mult la exigenţa profesorilor mei şi mi-ar fi fost tare ruşine să îi dezamăgesc! Cred că, dacă nu luam notă mare, m-aş fi ascuns în pământ!

M.M.: A, deci nu erau neapărat ruşinea şi datoria faţă de părinţi, cât mai degrabă respectul faţă de profesori.

P.C.N.: Desigur, mai erau şi părinţii, ţineam cont foarte mult de părerea lor. Părinţii mei s-au bucurat foarte tare! Îmi amintesc că, atunci când am intrat în facultate, tata citea lista de admişi şi la un moment dat mi-a zis: „Pe locul întâi, Necula Constantin Valer. Pe locul doi, cutare...” M-a întrebat mirat: „Bă, te cheamă şi Valer pe tine, nu?” I-am răspuns, puţin amuzat: „Da, tată, doar tu mi-ai pus numele ăsta!” Pe mine mă mai cheamă şi Valer, după numele naşului meu. La fel de mirat, cum era el atunci, tata a continuat: „Ai intrat? Şi ai intrat primul?” A fost o bucurie enormă pentru el atunci. Tatăl meu şi-a dorit foarte mult să facă şcoală, dar pe vremea respectivă nu se prea putea, iar mama, la fel, muncea foarte mult la noi, cu noi, împreună cu noi, nu a avut timp de aşa ceva.

Am constatat în timp că lucrurile de acolo, de acasă, s-au păstrat. Adică, eu cu asta rămân din copilărie, pe lângă multe amintiri frumoase: cu imaginea vacanţelor în care citeam! Să ştii, eu sunt un tip crescut de maidan, chiar dacă acum nu pare, nu sunt deloc un tip crescut într-o bibliotecă. Însă datorez foarte mult acestui aspect, pentru că tot maidanul ăla m-a ajutat enorm, după aceea, să mă odihnesc în cărţi. Pentru mine, cel de acum, lumea este făcută din a cunoaşte oameni şi din a-i bucura.

M.M.: Cum a avut loc trecerea de la băiatul crescut pe maidan la omul de astăzi?

P.C.N.: Prin vitralii. Stinse, acum.

M.M.: Vitralii? Cer iertare, dar nu înţeleg...

P.C.N.: Cum ai numi altfel numele celor care te-au luminat, te-au înfrumuseţat şi apoi s-au dus? Într-un fel, toată copilăria şi adolescenţa, eşti în miezul unei catedrale de formare ale cărei vitralii îţi picură lumina în suflet. Un suflet hămesit de foamea de cunoaştere, neliniştit. Stingher, deseori. Atât de stingher, că m-am afundat mereu în jocuri migăloase. Mai ales construcţia de sate, refacerea de bătălii. Sunt din generaţia în care indienii şi cowboy-i ne-au salvat imaginaţia. O groapă uriaşă, săpată pentru nici nu mai ştiu ce montare de cabluri, a devenit oraşul nostru de pe

Lună. La fel cum şanţurile săpate între blocuri s-au transformat urgent în tranşee. Trăiam dimineaţa ori după-amiaza ceea ce duminica vedeam în *Pistruiatul*, *Noi cei din linia întâi* ori *Pe aici nu se trece*. Sau evadam din lumea istoriei imediate umplând sălile la *Dacii*, *Burebista* ori *Fraţii Jderi*. Cred că *Neamul Şoimăreştilor* l-am văzut cu echipa de la bloc – vreo şase aerieni – de treizeci de ori. Până când doamna de la bilete ne-a pârât – credea ea – tatei, care oricum ştia, doar bănuţii lui se scurgeau în ambiţia noastră. Din acest punct de vedere cred că societatea imediată – colegii părinţilor, vecinii ori cei care se uitau la tine jucând fotbal în curtea şcolii – erau coechipierii profesorilor la creşterea ta.

M.M.: Care este prima amintire prin aceste vitralii?

P.C.N.: Prima amintire de vitraliu? Vocea educatoarei. Chipul parcă nu-l mai ţin în creuzetul memoriei. O voce limpede. Ca roua care-mi uda picioarele în parcul în mijlocul căruia trona insular căminul. Nu-mi plăceau fotografiile de la acea vreme – pitic în colanţi roşii, ruşinea ruşinilor –, fotografii care m-au păstrat smiorcăind. Nu la fel pot zice despre fotografia de la spectacolul Abecedarului. Am fost litera A: *Aviator aş vrea să fiu, să zbor spre zările albastre*... Nici acum nu ştiu de unde a făcut mama rost de un chipiu de aviator, dar ştiu că l-aş fi purtat şi în somn. Oricum, mă voiam militar. Militar serios. În vis, pe stradă, în poarta de fotbal ori asmuţind furnicile cu un pai, rulam acelaşi film. Milităria mea. Şi de fiecare dată, mă întâlneam cu șansa aceasta de a cunoaște istoria direct, în locurile din care izvora.

Oricât am fi fost de săraci, vacanța de vară avea zece zile de grație. În fiecare vară descopeream câte o pagină de istorie de odinioară: Cozia și Mircea cel Bătrân, Putna cu Ștefan, Oltul cu Tudor Vladimirescu și Mihai Viteazu... Șcheii se aflau pe toți. Unde mai pui că în Șchei se aflau zânele, cu tronul zânelor, sau Sfântul Nicolae, cu troița sa la care urca mama tatei cu asiduitatea văduvei cuminți, alese de comunitate să aprindă candela. Erau prezente toamna și iarna, anotimpuri în care se curăța sufletul de mizeria din jur. Tot acolo era prezentă banca în care aflasem că, de la Coresi, toți copiii învățau să scrie. Și chiar credeam că toți copiii României nu primeau carnet de note la școală fără să treacă pe acolo.

M.M.: Prima zi de școală cum a fost?

P.C.N.: Nu îmi aduc aminte de prima zi de școală. Dar da, îmi aduc aminte de seara dinaintea începerii școlii. Duminica. În biserica din Groaveri – acolo unde odihnesc Andrei Mureșanu și Andrei Bârseani, prietenii mei din alt veac –, seara, după Vecernie. Cu tata de mână. Emoționat. Eu într-un costum verde. Mi-era rușine să intru cu pantaloni scurți în lăcaș. Mireasmă de tămâie. Din altar – abia acum știu că se spune așa, pe-atunci știam că Însuși Dumnezeu locuiește în „vârful" bisericii – se desprinde chipul alb, luminos al Părintelui Laurențiu. Gingaș ca un fum. Tata, emoționat ca de revederea unui bun prieten, îl roagă de rugăciune.

Părintele, luminos ca un înger, îmi dăruiește creioane chinezești cu gumă roz. Și două caiete. Și un stilou chinezesc pentru că știam să recit *Scrisoarea a III-a* de Mihai Eminescu. Despre care credeam că e real, că e viu. Aveam să plâng strașnic atunci când aveam să aflu că a murit. Ce va fi știut Dumnezeu despre copilul cât un fir de leurdă uscată și-i va fi șoptit Părintelui Laurențiu, numai ei știu. Cert este că îl rugam mereu pe tata să mergem să-l mai vedem. Și pentru că începusem școala, am primit de la omul lui Dumnezeu un lucru-gest de care îmi aduc aminte ca prin ceață: *o binecuvântare.*

A doua zi, în costum, cu pantofi noi – pe care numai ghinionul unei ploi avea să-i strice după doi ani –, am intrat în cea mai de preț și de nepărăsit împărăție. Împărăția căutării. Am rupt sute de foi cu bețigașe și liniuțe. Nu înțelegeam nicicum rostul, până când Doamna – Ileana cea dintâi – a avut intuiția de a mi le prezenta unite. Intrasem la școală – nr. 22 – după o ratare. Am dat examen sportiv pentru Școala 10, vecină, lipită, unde învățau cam toți cei din bloc. Unde speram să învăț sport... Învins, am intrat alături. Nu mi-a trecut ușor. În timp, am constatat că fiecare ratare de școlire m-a apropiat tot mai mult de teologie. Unde nu mai termin școala...

M.M.: Și totuși, nu vă mai amintiți chiar nimic, nimic din prima zi de școală?

P.C.N.: Ei, uite, insistența ta a dat roade. Cred că prima amintire din școală este parchetul

Atâta amar de timp ne pierdem negându-ne viața... Cred că ar fi chiar sănătos să ne facem, din când în când, o listă cu anti-sensuri, non-sensuri, zero-sensuri și, doar prin asta, ne-am apropia un pic de Adevăr...

Mihai Morar

clasei. Eram fixat pe el. Rămâneam tăcut – da, da –, cu ochii aţintiţi în rigurosul său desen. Stingherit de lumina soarelui, căutam să văd cum a putut creşte lemnul aşa. Eram supărat tare când era mizerie pe jos. Acasă, aveam un parchet lucitor, pe care tata-l umplea de strălucire când venea vremea sărbătorilor. Cel de la şcoală îmi părea bolnav, părea un câmp de flori părăsit. Doamna care făcea curăţenie – şi care avea un copil coleg cu noi – zâmbea când mă auzea că vin mai repede cu minute bune ca să simt mirosul de curat. Când am terminat clasa a VIII-a, m-a luat în braţe şi mi-a spus: „Nu ai să pierzi niciodată respectând oamenii!" Îi spuneam „sărut-mâna" ca oricărei profesoare. Mă învăţase că orice muncă e de la Dumnezeu. Deşi baptistă, a ţinut să vină la prima Liturghie în care am slujit în noua Biserică din cartier. Colegul meu, bolnav, se stinsese. A venit simplu, am recunoscut-o după tristeţea din ochi. S-a luminat şi mi-a spus, din nou: „Nu ai să pierzi niciodată respectând oamenii!"

M.M.: Părinte Necula, cum sărbătoreaţi Crăciunul în perioada comunistă?

P.C.N.: Eram copil când au năpădit, pur şi simplu, peste noi la şcoală şi ne-au chemat la Orăşelul Copiilor. Un fel de colţ cu brad, ascuns între gunoaiele din cartier. Pe scenă s-au urcat secretarul de partid şi sectoristul, altfel oameni faini. Dar atunci au devenit penibili. Cu o cravată roşie, cu nodul mare, stătea dinaintea noastră *omul de la Judeţ*, cum se numea trimisul de la Comitetul Judeţean al partidului. Era, cred, anul

1982. Au venit să ne spună că Moș Crăciun a murit și că Moș Gerilă îi va lua locul. Un personaj în haine albastre, ca petlițele de la uniformele Securității, cum aveam eu să aflu ceva mai târziu. Cei mici, de la clasa a patra în jos, au început să plângă și au fugit repede acasă. Eu mi-am târât picioarele prin zloată. Pământul și cerul îmi păreau o zloată. Bradul, adus de cu seara în casă, numai tata știa de unde, o zloată și el.

Mama încerca din răsputeri să mă liniștească, dar nu, nu mai era nimic de făcut. O tristețe groaznică așezase zloata peste sufletul meu de copil: Moș Crăciun murise!

M.M.: Cum ați reușit să treceți de acest șoc? În general, amintirile pe care ni le formăm în copilărie pot da naștere unor adevărate traume pe mai târziu.

P.C.N.: Stai să vezi, a venit tata. A ascultat cu atenție relatarea mea despre ce se întâmplase la școală. A zis că e o prostie să cred asta. A luat de pe perete icoana Nașterii Mântuitorului. Mi-a povestit, cum știa el, ce se întâmplă acolo. Și apoi, văzând că nu m-a convins, a început să colinde. Tare, înalt, cu vocea lui de tenor ales. În câteva minute a sunat cineva la ușă. Mi-a fost teamă să nu fie sectoristul ori tipul de la partid. Dar nu, era un vecin mai tânăr. Cerea tatei să-l primească să colinde și el. Bariton. Era Ajunul și plutea în aer un mister desăvârșit, altfel nu-mi explic cum, pe rând, toți vecinii de palier, apoi ceilalți, de la celelalte etaje, s-au strâns în cel mai curajos cor pe care-l auzisem vreodată. Unul lângă altul, toţi laolaltă.

M.M.: Să fi fost ăsta un miracol de Crăciun?

P.C.N.: Nu m-am mirat când l-am văzut pe sectorist cântând şi el, ba chiar şi pe tipul de la Judeţ, care, uitasem, chiar stătea cu noi în bloc, pe o scară vecină. Privirile lor îşi cereau scuze. Un soi de iertare plutea atunci peste noi toţi. O iertare cu gust de cozonac. La unii dintre ei cred că mai era şi un gust de vin nou, uşor acrişor... Tata a pus iar mâna pe icoană şi a început să cânte *Naşterea Ta Hristoase, Dumnezeul nostru*. Nu-mi venea să cred. Nu ştiam pe-atunci că tata, care era orfan, crescuse chiar pe lângă Biserica Sfântului Nicolae din Şcheii Braşovului şi pentru el nu exista niciun fel negociere despre Dumnezeu.

M.M.: Să înţeleg că avea voce tatăl dumneavostră, nu? Era natural talentat?

P.C.N.: Cânta ca niciodată. De-atunci l-am iubit conştient şi veşnic. Până atunci aveam senzaţia că el doar se joacă de-a tata. Acum *devenise tata*. Mi-l redase pe Moş Crăciun în viaţă. Și-mi vorbise despre Pruncul din ieslea vitelor. Îl credeam Prunc pierdut, dar nu, am aflat că era Pruncul care ne-a scos din pierzanie pe toţi. Că era Dumnezeu din cer, lucru greu de priceput la orice vârstă, dar mai ales la aceea, în care mă temusem pentru Moşul ce-mi lumina cu portocale gândurile. Am aflat despre Maria, mama Sa, tata îi spunea Maica, am aflat despre Iosif, bătrânul drept. Despre magi, ciobani şi copiii cu flori în mână am aflat și de la ceilalți vecinii care colindau cu tata.

M.M.: Probabil a fost o zi magică pentru dumneavoastră!

P.C.N.: A doua zi abia am deschis ochii. Maldărul de cărți primite cadou dovedea că Moș Crăciun există. Și nu numai atât, ci și că e bun prieten cu Dumnezeu, de vreme ce-mi adusese exact cărțile pe care le remarcasem cu două zile înainte în librărie. Seara, tata m-a dus la teatru. Mi-a înlesnit să mă întâlnesc cu actorul meu preferat, care mi-a oferit, nici mai mult, nici mai puțin decât o cruciuliță albastră, cuminte și strălucitoare ca ochii Pruncului din poiata Betleemului. La școală am descoperit că nimeni nu mai era trist. Părinții noștri îl înviaseră cu dragostea lor pe Moș Crăciun. Și ne învățaseră, pe întunericul și frigul din apartamente, între penele de curent și cozile la apă minerală ori la pâine, că nu există Crăciun fără Pruncul Hristos. A fost cel mai important an din viața mea. Anul în care m-am făcut prieten cu Hristos și am înțeles că Moș Crăciun nu moare, pentru că nu-l lasă Hristos.

M.M.: Privind în urmă, cu experiența anilor care au trecut, puteți să-mi spuneți cine este Moș Crăciun?

P.C.N.: Azi, când tata s-a stins, am descoperit acest adevăr parcă mai adevărat ca niciodată. De dincolo de moarte aud glasul lui de tenor: *Nașterea Ta Hristoase, Dumnezeul nostru.* Și înțeleg, cu altă minte, e drept, că Nașterea

Mântuitorului înseamnă, de fapt, Învierea noastră. Răsărit-a lumii lumina cunoștinței! Țin minte că poate tocmai de aceea, când m-au întrebat colegii mai mari cine mai este și Moș Crăciun care refuză să moară, am tăcut, știind răspunsul. E orice tată care s-a făcut prieten cu Hristos. Și orice mamă care nu lasă Crăciunul să moară.

M.M.: Și Crăciunul ce este?

P.C.N.: Crăciunul este o Sărbătoare care nu trece niciodată. Abia ce s-a stins zvonul Prăznuirii Nașterii Domnului și am descoperit că ne gândim deja la Crăciunul care vine. În general, am învățat că Praznicul Nașterii și cel al Învierii nu trec niciodată. Sunt sărbătorile *fibră de cer* în jurul cărora se construiește întreaga prăznuire. A bisericii, a familiei și, uneori, a societății. Duminica primă după Crăciun este dedicată pomenirii lui Iosif, logodnicul Sfintei Fecioare Maria, a Sfântului David Proorocul și a lui Iacob, ruda Domnului. Este acel text al *Evangheliei* care ne vorbește despre fuga în Egipt a Sfintei Familii. Avem un Irod dictator, năimind magii cu glasul lingușitor al oricărui dictator, ce caută disperat să Îl ucidă pe Cel născut. Poate că în excesul lor de bucurie, Magii au greșit vestindu-i regelui vremelnic despre Nașterea Împăratului celui veșnic.

M.M.: Mai sunt oamenii de azi capabili să se bucure cum se bucurau odată de Crăciun?

P.C.N.: Cum mai poate fi posibilă bucuria în anul în care ni s-au stins prieteni și suflete mai mult decât prietene? Cum e posibil să mai crezi în bucurie, ba chiar în Dumnezeu, când corabia e vălurită de moarte? Când chiar marea e speriată de câtă moarte o poate cuprinde? Nu sunt gânduri simple și asta presupune că nici nu există răspunsuri simple la frica noastră. Fragilitatea noastră expusă la focul fricii s-a refugiat mai degrabă în ură și dezorientare decât în bucuria care poate descătușa nădejdea în Binele care crește în mai bine... Ori poate chiar nu mai există valori către care să ne reorientăm bucuria?

Am ascultat discursuri disperante în neatenta construcție a adevărului. Mi-e teamă că una dintre cele mai grave urmări ale acestui an s-a așezat în sufletul nostru – un soi de ură din precauție, ca să nu fii vinovat când s-or afla vinovații. Și mi-a revenit în minte imaginea creată de Vasile Voiculescu – poetul martir și înger deopotrivă –, în care, în faldurile focului luminos ce îngrijește de Copilul-Împărat, Dumnezeu adevărat din Dumnezeu adevărat, dându-i căldură în jitnița de piatră a peșterii hanului uitat, se vede deja umbra rânjitului Satan. Hoțul de nădejdi. Cotropitorul cu rău al iubirilor. Pururea invalidantul credinței. Și de ceva luni imaginea aceasta de jucător fără scrupule în bezna neîncrederii induse mi-a apărut pe zidul lumii și nelumii în care ne străduim ca oameni. Cui să spui despre teama aceasta developată pe rana lumii dacă nu lui Dumnezeu. Bucuria ce ne-a rămas.

Am descoperit un text remarcabil în scrierile Sfântului Nicolae Velimirovici – om încercat de război, deținut în lagăre naziste –, vlădicul scriind: „Iubiții mei, să fim optimiști, pentru că Dumnezeu din optimism a creat lumea. Nu poate să existe nicio creație fără optimism." Am citit mult să înțeleg, dar parcă niciodată nu am descoperit lumii o cheie mai frumoasă decât aceasta, în care optimismul este motorul Facerii Lumii. E cert că darul cel mare al creștinismului este un depozit de optimism realist, făcător de minuni. Și constat tot mai des că lipsa optimismului sănătos – nu, nu cel suficient, rânjit în poze și dat în stampe inutile – este de fapt o disfuncție de creștinism. Nu. Nu ești creștin dacă te lauzi cu acreala lipsei de optimism, dacă te menții mereu pe linia îndoielii.

M.M.: Și atunci, se poate vorbi de o incapacitate de a ne bucura?

P.C.N.: Lipsa de bucurie de acum vine din lipsa unei perspective, dar și din fundamentele false în care ne-am ancorat visurile – pentru unii, adevărate vedenii de sine – ori ne-am acroșat conștiințele. Există vindecare la vidul de încredere creat de covidare? Poate dacă am încerca să schimbăm un pic perspectiva bucuriei? Mai ții minte – fie și din amintirile de altădată – că odinioară, atunci când se apropia Crăciunul, se ridica dintre noi un soi de fum de iubire, o pânză din borangicul curățitor al iertării? Și ne scăldam în lumina firelor de nard curat ce ne pregăteau iarna cu smocuri de busuioc în tencuiala de aur a icoanelor? Poate că nu eram fericiți – mireasma de portocale numai pentru cei către 50 de ani mai e semn că trece Moș Nicolae printre noi, în rest, se simte ca mireasma unui raion de supermarket –, dar eram noi. Alergam după fulgi cu viteza navigării pe net și ne hrăneam din frig cu hulpăveala mușcării din merele verii ori toamnei. Ne strângeau hainele ce le purtam și mai speram ca măcar o iarnă să mai stea pe noi ca să se împlinească alt vis ori să-i simțim ușori în vise pe părinții noștri. Era tot o teamă. Dar ce frumos creștea în sufletul nostru. Ori câtă emoție ne creștea în glasuri la colind? Nimic nu se învăța mai cu adevărat decât colindul. Și nu pentru cele materiale – e drept, motivante –, cât pentru comuniunea cu ceata de colindători prin care învingeam frigul ce furase zâmbetul lumii în care trăiam.

Crăciunul nu poate fi trăit cu rictusul pe față. Nu putem trăi decât cu inima atârnată în pomul ce-aduce aminte de Nașterea Domnului de vrem să fim iarăși liberi și luminați de curaj. Nu socotiți rândurile acestea drept semne de nostalgie. Nu. Nu mi-e dor de Crăciunul în care ne-au adus un secretar de Partid de la Steagu Roșu – era pe vremea când cartierele aveau în vinele lor nopți de nesomn și zile de zdroabă – să ni-l prezinte pe post de Moș Gerilă, arestându-l pe Crăciun. Dar trebuie să spun că, dacă îl pot înțelege pe sectoristul de odinioară, care avea sarcină să-l prindă pe Moș Crăciun din noi și să-l țină departe de Betleemul ce vibra a Naștere, astăzi nu-l pot înțelege pe gardianul civic cu aplomb pe alungarea din viețile noastre a lui Hristos. Cine îți îngăduie ca om să furi bucuria altui om? Aici cred că ne putem restarta bucuriile. Trecând de la bucurie, ca stare de fapt, la Bucurie, ca mod de viață.

Am primit o rugăciune de copil: „Doamne, ai grijă de Tine! Ce ne-am face fără Dumneata?”. Chiar. Cum ar fi lumea fără Venirea aceasta ce o prăznuim – cu buni și răi, nu doar cu bune și cu rele – drept început de iertare a Lumii? Cum ar fi fost istoria lumii întregi fără scâncetul de curaj al Puștiului care înfruntă moartea de dragul Învierii noastre? Egoist Dumnezeu? Nicidecum. Optimist iremediabil, încă mai crede în om. În posibilitatea omului de a fi omului Bucurie. Merită încercat, trăit, înviat!

M.M.: Creștini fiind, ne învârtim în jurul acestor două mari sărbători. Ce le unește? De ce suntem transfigurați sufletește atunci când vin ele?

P.C.N.: Crăciunul și Paștele sunt netrecătoare. Sunt polii de istorie în jurul cărora se restartează mereu viața lumii și viața noastră deopotrivă. Sunt evenimentele care nu sunt atât de importante atât prin desfășurarea lor – de aceea datele ori ideile adiacente subiectului sunt irelevante –, cât prin Dumnezeu-Omul, prezent în mijlocul realității vieții evenimentelor. Hristos schimbă istoria lumii? Nu doar. El vine să schimbe istoriile vieților noastre. Ne cere să ne luăm în serios Biserica în care am intrat și în care viețuim prin Sfintele Taine. Din culmea de lucire a Betleemului ne îndreptăm spre Veșnicie numai în măsura în care ne trăim viața cu Dumnezeu. Chiar atunci când Irozii par victorioși.

M.M.: Dumneavoastră îi învățați atât de mult pe cei mari, dar și pe cei mici! Există totuși momente când Părintele Constantin Necula învață ceva de la copii?

P.C.N.: Copiii m-au învățat zeci și sute de rugăciuni, învăț de la copiii bolnavi, de la copiii sănătoși, de la copiii care visează și de la copiii cărora li se fură visurile! Ei au rugăciuni dintre cele mai năstrușnice. Ardelenii au o vorbă frumoasă când e masa bogată și le e foame: „Doamne, hai cu noi la masă!", nu mai stau ei să mai zică celelalte rugăciuni. Mie mi-a fost foarte greu să trec peste dramele celor din jur și pentru că sunt un tip cu o empatie prea mare câteodată. Și acum, constat, mi-e foarte greu să trec peste morțile oamenilor, peste boala copiilor. I-aud pe câte unii vorbind, așa, din avion, unde e Dumnezeu când copiii sunt bolnavi? Dumnezeu este acolo, îți dau scris, n-am găsit în toată perioada asta de când slujesc – și am mai bine de 25 de ani de activitate liturgică – niciun copil care să mă întrebe „de ce" sau „de ce eu". Părinții, în schimb, da.

M.M.: Este adevărat că păcatele părinților se răsfrâng asupra copiilor?

P.C.N.: Nu, nu e deloc adevărat! Că, dacă mai continuăm să punem asta pe toate bannerele Ortodoxiei noastre, riscăm să pierdem fundamentul botezului! Ontologic, în Iisus Hristos, moartea și învierea din Botez duc inclusiv la moartea păcatelor părinţilor care se răzbună în noi, cu o singură condiţie: copilul, după cristelniţă, să intre în cealaltă cristelniţă, care este familia lui. Familia privită în chip de cristelniţă binecuvântată, în care copilul se plimbă pururea ca într-o apă originară, fără niciun fel de meteahnă de păcat. Greutatea nu este ce moştenim, ci unde perpetuăm moştenirile idioate pe care le avem. Eu sunt foarte impresionat, de exemplu, când la biserică nu-mi vine doar un copil sau nu-mi vin doar mama şi tata, ci-mi vine familia, adică toată structura, uneori chiar însoţiţi de bunici. Şi mai cu seamă, sunt foarte impresionat când părinţii îşi aduc copiii la împărtășit, pentru că, din momentul respectiv, ei, ţinându-i în braţe pe copiii lor, promit că ei înşişi se vor spovedi şi se vor împărtăşi. Iar asta e un fel de promisiune prin copiii lor.

M.M.: Copiii, iată un subiect sensibil! Aveţi, oare, un sfat, pentru acei părinţi greu încercaţi?

P.C.N.: Să nu râdem niciodată de copiii bolnavi, boala lor nu este plata păcatelor părinţilor, ci este semnul biruinţei lui Hristos. Mergeţi înainte, iubiţi-vă copiii, ruşinaţi-vă doar de atât: că ceilalţi nu înţeleg cât este de greu... Nimic nu-i mai onorant decât o familie care-şi duce crucea suferinţei copilului lor până înaintea lui Hristos. Hristos e odihna noastră! Am văzut părinţi zdrobiţi. Un copil fără părinţi se cheamă orfan, o soţie fără soţ se cheamă văduvă, un soţ fără soţie se cheamă văduv. Dar un părinte care şi-a pierdut copilul nu are nume... El este asemenea

Tatălui din Ceruri, Care L-a dat pe Hristos pentru lume. Copiii ne sunt dați de Dumnezeu oricum cu împrumut. Ei sunt ai lui Hristos. Nu-L puteți înlocui pe Hristos în convertirea lui. Tot ce putem noi face este să asistăm cu demnitate, cu motoarele pornite, la întoarcerea copilului nostru, indiferent unde merge. Să știți că s-ar putea ca nu tot ceea ce credeți dumneavoastră să fie neapărat credință. Copiii nu pot fi sufocați cu biserica și nici noi nu putem fi. Și preoții sunt sufocați uneori, noi nu suntem pompă de benzină, suntem niște oameni, putem da cât avem. Copiii trebuie să fie iubiți, trebuie să fie încurajați, trebuie să li se spună: „indiferent de ce ți se întâmplă, eu sunt lângă tine”. Singurul mod în care îi puteți ajuta pe ceilalți este să nu treceți indiferenți pe lângă drama lor, ci să le spuneți că vă pasă, că parte integrantă din mântuirea lor sunteți și voi.

M.M.: Mai contribuie școala cu adevărat la formarea caracterului copiilor noștri?

P.C.N.: O școală educă prin tot: prin faptul că lumina pică din partea stângă în clasă, că avem o sală de sport luminoasă și înaltă, prin faptul că la WC nu miroase, că fetele sunt învățate să intre primele în clasă și de-abia după aceea băieții, că nu ne putem îmbrăca oricum și să nu mirosim a orice. Educația asta face, amendează excesele, echilibrează într-un fel sau altul vocația noastră de viață. Eu cunosc oameni care sunt perfecționiști în vocația lor, dar ca părinți sunt niște ratați. Unii părinți sunt frustrați din propriile copilării, dar continuă să spună că au dreptate tot timpul. Mie nu îmi place să am dreptate tot timpul, pentru că pe mine tata şi mama m-au învăţat că nu trebuie şi nu e aşa de important să ai dreptate tot timpul. Ce primează însă este că trebuie să fii tot timpul de partea adevărului. Iar adevărul este că unii oameni suferă din plin din cauza educaţiei de acasă.

M.M.: Totuşi, nu de ieri, de azi, se vorbeşte despre schimbarea sistemului educaţional, care pare să nu mai fie adaptat la cerinţele unei realităţi în continuă schimbare la rândul ei. Nu sunt oare copiii, beneficiarii acestei schimbări bruşte de perspectivă, cei mai afectaţi de ea?

P.C.N.: De ani de zile, Şcoala Românească este în reformă. Devine, an după an, un soi de obsesie media şi nu numai. Se pleacă de la informaţia personală şi se generalizează. Se construiesc logaritmii unei exercitări false a autorităţii ori se cultivă un soi de tensiune aplicată în spaţiul intim, atât de intim altădată, al Şcolii. Pentru că pentru mulţi, foarte mulţi, Şcoala a fost casa de suflet şi creştere, de sens vital, de cele mai multe ori. Nu trebuie să-ţi placă Şcoala pentru a fi om de omenie, dar când îi place şi cartea, omul de omenie devine om care poate schimba prin omenia sa omenirea. Şi acesta este visul oricărui copil care pleacă spre şcoală –uneori indiferent de vârstă.

Ceea ce îmi pare acum însă extrem de greu de reformat nu este Şcoala. În fond, planuri şi fonduri se găsesc. Chiar şi oameni care să execute, uneori orbeşte, proiectele fracturii între Şcoală şi lume, există și ei. Ce nu reușim să mai încadrăm în demersul școlar este familia. Instituția bunicilor, a părinților, a vecinilor. Ion Creangă, strașnicul pedagog social al școlii românești, sesiza mereu în scrierea sa nevoia de școală dinainte de școală. Recitiți, vă rog, *Harap-Alb* ori *Ivan Turbincă*, recitiți *Amintirile* sau repriviți-i prietenia cu Bădia Mihai Eminescu. El însuși este o sumă de școli înainte de școală. Modelul său nu este perisabil. Îndrăznesc să cred că are în firul său de rezistență un soi de profetism pedagogic. Care ne lipsește atât de mult astăzi.

M.M.: De ce spuneți asta?

P.C.N.: În pedagogia lui se împletesc bunicii cu părinții, mătușile cu unchii, învățătorii cu preoții, personajele de basm cu cele reale, fiarele și florile deopotrivă. Pare un cosmos întreg pus la dispoziția educării copilului universal pe care-l crește în textele sale. Desigur că limbajul său nu este unul metodico-științific (cât ne mai împăunăm cu non-sensuri!) ori modul lui de creștere a intimității educaționale nu este unul relevant – cred unii – pentru momentul de azi. Dar adevărul că, fără un univers întreg pus la dispoziția copilului, acesta nu crește este real. Prea real, din nefericire. *Ethosul* vieții sale este determinant vieții sale până dincolo de toate pragurile școlii și dincolo de toate pragurile vieții. Pentru că școala, nu numai în viziunea lui Creangă – dar parcă el a povestit-o cel mai bine să fie înțeleasă –, este o Școală a Vieții, cu deschidere escatologică. Cum azi nu o mai gândim.

M.M.: Revenind la Școala noastră, cea din prezent, care sunt principalele lipsuri pe care i le-ați atribui?

P.C.N.: Dacă privim, așadar, spre Școala de astăzi, remarcăm două lipsuri majore: fundamentele celor 7 ani de acasă și finalitatea celor propuse învățării dincolo de vârstele vieții acesteia. Deschiderea ei către ziua cea neînserată a Împărăției lui Dumnezeu. Și aceste două ruperi de sens sunt inserate într-un cosmos care se deșiră. Nu doar din motiv de pandemie, ci din lipsa de coerență a planului energiilor umane puse în slujba împlinirii lor în planul gândirii absolute. Nu mai avem obligația de a ne crește Școala doar pentru că ea este în lipsuri? Bine, dar când a fost „sătulă" școala de oferta de bani publici ori de supraoferta de cultură a cadrelor didactice? Ceea ce nu a lipsit niciodată oamenilor Școlii a fost sufletul, capacitatea lor de transfer al propriilor energii în contul de duh al copiilor-tineri ce aveau să fie oamenii-maturi ai societății. Când acesta lipsește, nicio reformă din lume nu o poate reda. Pentru că este un dar, un dar ce crește din vremea Școlii celei dinainte de Școală. În perioada asta, Școala se ține prin oameni, în ciuda distanței sociale. Ca întotdeauna. Școala nu este despre norme și fonduri, despre politică și cadre, ci este despre copiii ei. Inima de preț a viitorului unei Românii ce stă mereu în anticamera sărăciei. Putem schimba ceva? Sigur. Și putem, dacă putem, să nu uităm că Școala nu crește singură copiii noștri. Ci e nevoie de un cosmos întreg de dragoste și bunăvoință.

M.M.: Care dintre valorile utile în viață credeți că ar trebui să primeze în educația celor mici? Ce le-ați transmite copiilor?

P.C.N.: Copiii trebuie educați ca niște fluturi care au nevoie de soare ca să crească și să zboare în liniște. Un principiu foarte important al educației este că trebuie să-i învățăm pe copii că parte integrantă din viața noastră este capacitatea de a fi cordiali cu ceilalți. N-avem voie să scoatem fanatici din școli. Trebuie să le arătăm copiilor că au meritele lor, că au, în viață, un palier pe care pot merge, doar al lor, un culoar de alergare, dacă sunt foarte bine pregătiți. Profit de ocazie ca să mă adresez direct lor: dragi copii, vreau să înțelegeți că, atunci când vorbim despre educație și drumul nostru în viață, vorbim și despre relația voastră cu Sfinții, despre cum vă vorbesc ei vouă, despre cum ne zâmbiți voi nouă, ca și cum ați fi niște sfinți, la rândul vostru. Chiar și atunci când mai faceți năzbâtii, sunteți mai buni decât noi. Din păcate, nu o să vă dea nimeni o diplomă pentru că râdeți cu gura până la urechi când spuneți o prostioară și nici nu o să vă dea nimeni niciun premiu că ați mâncat sandviciul la ora zece fix, deci continuați să fiți voi și să vă bucurați la maximum de copilărie!

M.M.: Cu toate acestea, se spune că toamna se numără bobocii, nu? Copiii sunt cei care au resimțit din plin și poate chiar mai mult decât părinții lor adulți efectele pandemiei. Cum să le insuflăm acelora care încep școala dragostea de carte?

P.C.N.: Miroase a ploaia dintâi a Toamnei. Ne-a prins după ce am aşteptat, cu masca pe figură şi ochii măriţi de înspăimântări, trecerea verii pandemice. Care pare că nu a fost. Cum nu a fost nimic din anul acesta. Undeva, la margine de Oraş, în Valea Plângerii ce ne este Cimitirul, au acostat corăbiile trupurilor celor plecaţi. Care au ajuns deja Acasă. Departe, zic unii. Aproape, îmi îngădui să spun. Dacă îmi pleacă gândul spre ei este pentru că Toamna lor nu mai este ca a noastră. Şi oricât de nedreaptă ne-ar părea criza prin care trecem – de orice natură ar fi ea –, ei ne cheamă la tăcere. Suntem livezi date-n rod ori şesuri abia prinse de flacăra soarelui ce apune mai grabnic deja. E prima zi în care calendarul, computerul pe răboj al strămoşilor, ne aduce aminte trecerea. Nu am trecut uşor prin nimic. Şi nici nu pare că ne va fi uşor. Dar de-am îngădui zilei o secundă de tihnă, un clipit de luciditate, o respiraţie de cuminţenie? Care din teoriile vremii ne vorbeşte de cuminţenie? Niciuna. Doar Biserica, răbdătoare cu trecerea timpului, ne-aduce aminte că reîncepe anul Bisericesc. Şi s-a auzit cum creşte amurgul din clopotul Catedralei. E seară. Mâine e dimineaţă.

E vremea la care ne pregăteam ghiozdanele, ne luam cămăşile de şcoală şi costumele şcolare. Fetele îşi acceptau osânda în şorţuleţe ori sarafane – cuvintele magice ale începutului de an şcolar de odinioară. Şi atunci, ca acum, mai aveam puţin timp să ne facem temele de vacanţă, să mai citim vreo două titluri ori să ne aducem aminte să scriem şi să socotim. Verile de odinioară nu miroseau a carburant aruncat în clorofilă ca acum. Și râurile se ascundeau în razele lunii ca un copil în cristelniță. Ne-am uitat pe noi. Am uitat de noi și de toamnele noastre sărac-bogate. Și nu ne socotea nimeni ratați doar că până în noiembrie umpleam câmpurile țării pritocind cu munca noastră de copii – unii chiar doar de oraș – practica de toamnă. Uneori până la epuizare. Pe care o alungam, mai țineți minte, cu cartofi copți și fructe furate peste gardurile CAP-urilor ce erau ale noastre fără să fie. Creșteam dificil. Cu teze ce erau scrise cu degete rănite prin boji și lăzi de legume. Cu un miros de pământ reavăn păstrat în cărțile ascunse în geanta de la masca de gaze – modă națională în anii 1980. Trăgeam cu ochiul la capătul rândului ca la izbăvire și nu de puține ori cizmele noastre de cauciuc, cumpărate neapărat pe sub mână, ascundeau în nămol ceea ce nu mai aveam puterea să adunăm. Dar nu, nu eram ratați și nimic din ceea ce ne-a furat sistemul școala nu s-a sfiit să ne dea înapoi.

Toamna, zic unii, se numără bobocii. Vă propun ca toamna aceasta să numărăm cadrele didactice. Angajații celui mai mare spital ATI din România: Școala Românească! Din care se nasc și medicii, și profesorii, și jandarmii, și polițiștii, și avocații, și muncitorii necalificați, și profesioniștii. Din care se nasc cetățenii liberi ai unei țări care își caută încă libertatea. Dinaintea oricărei confruntări de toamnă – de parcă școala mereu a fost un campionat național cu blaturi și formalități – repriviți clasamentul. Școala nu are dreptul de a

Acum știu, momentele care mă pot împlini sunt acelea fără ***a avea, a face, a dori,*** Viața locuiește în casa lui ***a fi.***

Mihai Morar

socoti pe niciun copil ca fiind de ligă inferioară. Iar acolo unde realitatea ne dovedește cifrele seci ale unei penurii economice, tot ea ne oferă și revelația unor profiluri umane de excepție. Copii care ne-aduc aminte că jocul e serios și viața este livadă gata de rod.

E vremea în care ne însoțeau părinții prin sărăcie să ne îmbogățească. Penarele noastre de lemn adăposteau un curaj fundamental. Curajul dorinței de a ști! Vă implor nu vă demotivați copiii! Dacă vrem o Țară curajoasă în istorie, puneți la loc visul școlii! Nu prin ordine ministeriale se face școala, ci prin oameni, prin mâinile și ochii ce-i întâmpină pe copii în pragul cunoașterii. Curaj! O toamnă nouă se arată printre noi. Copiilor le e dor de copii! Mierle aurii brăzdează văzduhul...

M.M.: Meseria de educator, învățător, profesor, este una crucială. Ce le-ați transmite acelora care decid să pășească pe acest drum?

P.C.N.: Le atrag atenția, dacă vă faceți educatoare sau învățătoare, v-ați îndrăgostit pe veșnicie de copii. Iar dacă simțiți că nu v-ați îndrăgostit, căutați-vă altă muncă, e foarte simplu! Educatoarea este *primum movens* al culturii unui copil. Uneori nu contează atât de mult mama în perioada copilăriei, cât contează „doamna”, care este „Dumnezeul lui local”. Credința aceasta a copilului în educatoare nu are asemănare. Cel mai bun profesor este cel care te însoțește în fiecare cuvânt pe care îl rostești. Eu tot timpul mă laud că am avut cei mai buni profesori de matematică, de fizică, de chimie. Nu pentru că au dat olimpici, ci pentru că te făceau, într-adevăr, să te simți uman. Cel mai bun profesor este cel care nu contează, ci te face pe tine să contezi, precum Sfântul Ioan Botezătorul: „Eu trebuie să mă micșorez, iar El trebuie să crească”. Nu cancelaria îți spune dacă ești un profesor bun sau nu. Copiii îți vor spune acest lucru. Ei au puterea aceasta de a spune „te iubesc!”, uneori părând că nici nu te bagă în seamă. Și tot ei au cea mai mare calitate pe care noi, adulții, am pierdut-o: capacitatea fundamentală de a spune „iartă-mă!”. Uitați-vă la ei cât de rău le pare când i-ați prins că nu știu ceva. Ei sunt bucuroși când copiază, dar mai bucuroși sunt atunci când își iau nota pe merit. Uneori vin și îți spun, parcă: „Iartă-mă că nu am știut decât de nota 10. Tu, ca profesor, ai merita să știu de nota 15. Dar nu pot mai mult de 10, căci statul român nu mă lasă să îți spun că merit acel 15 pe care tu l-ai implementat adânc în sufletul meu.”

M.M.: Tindem să ne purtăm ca niște fii risipitori în tinerețe? Abuzăm de darul libertății pe care o trăim după Revoluție?

P.C.N.: Cred că *Evanghelia* aceasta este cea mai cunoscută în cuvânt, dintre toate cuvintele Mântuitorului. Pictori celebri ori scriitori, melancolici compozitori ori celebri oratori, filosofi ori teologi – nu doar ecleziastici – au făcut și fac din pilda aceasta a Domnului Hristos miezul teologiei pocăinței, al părerii de rău, dar și al filosofării pe tema orgoliului de a te crede perfect, deopotrivă. Pentru noi, cei de azi, pare așa, doar o poveste. Țineți minte, doi oameni se rugau la Templu. Și unul dintre ei, vameșul cu părere de sine echilibrată, se întoarce mai îndreptat la casa lui decât celălalt, fariseul, personajul pe care nu prea dorim să-l recunoaștem în apucăturile noastre. Astăzi, tot doi oameni. Doi fii. Ai aceluiași tată. Tată singur. Presat de unul dintre ei să vândă tot – fiind vorba de bani, avere, taxare a averii, se pare că avem în fiul cel risipitor profilul unui vameș – pentru a-i satisface nevoia de libertate. Pentru că mulți credem, mai ales când le avem pe toate și suntem tineri – deci avem și timpul de partea noastră –, că și libertatea e o chestiune de bani. Că poate fi nu atât cumpărată, cât plătită.

M.M.: Să fie oare aceasta esența pildei fiului risipitor?

P.C.N.: Plecat într-o țară îndepărtată, risipește averea de la tată trăind în desfrânări. Căci pentru foarte mulți dreptul la libertate este totuna cu dreptul la desfrânare. Ce ne spune Hristos este că singura libertate pe care o putem cumpăra cu bani este aceea la desfrânare. Care se termină real atunci când se termină resursele financiare. Limita multor libertăți este dată de epuizarea fondurilor alocate. De oriunde. Libertinul confuzionat de foame caută de lucru. Găsește într-o „porcărie", adică fermă de porci. Acolo, în vameșul banilor părinților săi, un sindrom de fariseu cuminte îl salvează: în ciuda foamei, nu mănâncă porc! E iudeu credincios. E motivul pentru care ritualul este socotit miez pozitiv de conservare a credinței. În aceste condiții de foame-postitoare, tânărul care împrăştiase o avere îşi aduce aminte că sursa averii – tatăl – e vie şi că nu poate fi convertită financiar. Îşi aduce aminte cum tatăl pe care-l jecmănise – nu e singurul, nu vă minţiţi – ţinea la slugi mai mult decât stăpânul său de acum. Şi îşi face un discurs al întoarcerii, încercând astfel să descopere o motivaţie a revenirii acasă. Seamănă cu noi, care ştim că Dumnezeu-Tatăl e mereu în aşteptarea întoarcerii noastre din robia stăpânului, cel din ţara îndepărtată. Dar credem că nu putem valida aşteptarea Lui decât prin vorbăria noastră.

M.M.: Însă abordarea tatălui este cea care fascinează, nu?

P.C.N.: Tatăl e nerăbdător în aşteptare. El se ştie pe sine, îşi cunoaşte propriile zbateri. De aceea crede în întoarcerea celui tânăr. Împărtăşeşte, parcă, dimpreună cu el, aceeaşi nerăbdare. De unde şi reacţia sa imediată. Când îl vede de departe pe fiul său risipitor de avere, mila îl cuprinde, dragostea îl potopeşte. Primeşte pe împrăştietorul averii sale – căci, să ne înţelegem, fiul nu împrăştiase alta decât averea tatălui –, dăruind ultima avere ce-i rămăsese: iubirea! De aici, cred, s-a inspirat Fericitul Augustin atunci când a spus că „singura certitudine din lume este mila lui Hristos". Mila lui Dumnezeu ca o certitudine! Nu o auzim prea des la oameni. Dar trebuie să recunoaştem că o simţim zilnic de la Dumnezeu.

M.M.: Urmează momentul când fiul îşi recunoaşte vina.

P.C.N.: Gesturile părintelui nu anulează discursul de părere de rău al tânărului. El îi spune că a greșit la cer și înaintea sa, își recunoaște nevrednicia și își asumă ieșirea sa din filiația naturală cu tatăl. Nu de alta, dar, pentru a beneficia de averea ce o tocase, tânărul îl obligase pe tată să se declare... mort. Altfel, nu avea cum moșteni ceva, cât tatăl mai era în viață. Recunoașterea greșelii este iertată prin îmbrăcare în haina lui cea dintâi. Recunoașterea nevredniciei este iertată prin punerea inelului în mâna sa – inelul reinserând parcă demnitatea. Iar reasumarea ca fiu este marcată de încălțarea sa – robii umblând în genere desculți. Îți aduci aminte când Ioan Botezătorul își asumase condiția de rob al Domnului Hristos – El Însuși fiind Ebed-Iahve, robul lui Dumnezeu – spunând: „Nu sunt vrednic nici să-I leg/dezleg cureaua încălțămintei!" Cine s-ar mai gândi azi, de exemplu, că acest gest e legat de filiațiune? Poate doar părinții ori bunicii care leagă șireturile copiilor în primele luni de mers ale acestora. Când învață verticala!

M.M.: Concluzia este una fericită, cercul se încheie perfect!

P.C.N.: Pentru a se împlini însă întregul ritual al întoarcerii fiului său risipit în păcate, tatăl pământesc cheamă să fie adus vițelul cel gras, pregătit desigur pentru vreo jertfă de împăcare cu Tatăl Ceresc, pe care, lesne putem bănui, cel dintâi era supărat. Îi îngăduise plecarea fiului său cel tânăr. Argumentul pentru care vițelul îngrășat pentru jertfă este tăiat la cina revenirii celui plecat este expus limpede de tată: „căci [acest fiu al meu] mort era şi a înviat, pierdut era şi s-a aflat". Pentru a înţelege adâncimea acestei spuse, Domnul povestise – înainte de această pildă – pildele despre oaia cea rătăcită şi drahma pierdută. Oaia participă la rătăcirea ei. Drahma, obiect fiind, este victima neglijenţei celui ce o are. E nevinovată de pierderea sa. Dar ambele regăsiri produc bucurie. Şi noi, deseori pierzători de lucruri, ştim ce înseamnă să regăseşti, regăsind, odată cu pierderea, şi bucuria. Pentru această bucurie, tatăl-pământesc sacrifică viţelul cel îngrăşat.

M.M.: Mai există totuși un frate în toată povestea!

P.C.N.: La polul frigului sufletesc absolut se află fratele fiului risipitor. Fariseul perfect, fără pic de fibră de vameş în reacţie. Omul căruia i se pare mereu că e nedreptăţit. Deşi jumătate de avere îi revenise şi tot ce muncea îi aparţinea, cere un ied să-şi cinstească prietenii. Iedul era al lui. Putea să taie orice. Pare însă concentrat numai pe supărătoarea bucurie a tatălui său. Al cărui fiu întors nu-l înregistrează ca pe un frate recuperat. Burzuluit şi nătâng în reacţii, pare că nu înţelege nimic. Nici când tatăl îşi argumentează jertfa nu pare convins. Nici când tatăl îi spune că şi el este bucuria sa, cotidiană. Nici când îi explică simplu: „toate ale mele, ale tale sunt", copilul cuminte nu pare că pricepe nimic. Mai ales că aluzia tatălui e limpede: toate ale mele sunt ale tale! Inclusiv fiul meu acesta revenit! Reaşezat în demnitatea de fiu! Cumintele burzuluit! Atitudinea noastră, des, prea des îngăduită, prin care judecăm rătăcirea celorlalți, neluând seamă de a noastră. Căci din păcatele desfrânării ne revenim, dar din ura sistemică, se pare că nu. Din contră, pare că se adâncește cu fiecare „întors" pe care avem responsabilitatea de a-l asuma în Numele Tatălui.

M.M.: Este tare actuală lecția asta, nu?

P.C.N.: Aproape că aș crede că ieri a rostit-o Domnul și că acum un jurnalist a așezat-o în pagină. E un *breaking news* absolut valabil. Nu suntem în stare să ne fim frați. Nici măcar prin mijlocirea Tatălui. Aroganți, ni se pare că munca noastră ne conferă drepturi suplimentare. Dreptul de a tăia din mila tatălui pentru cel întors. Aceeași meteahnă de suflet-funcționăresc caută a vindeca Hristos Domnul aici. Al celui care crede că a împlini o funcție în conformitate este egal cu desăvârșirea acelei conformități prin iertarea și mila izvorului din care decurge viața noastră: Dumnezeu! Pildă grea. Cred că, de ne-am gândi la ea 24 de ore din 24 și 365 de zile din 365, am descoperi, clipă de clipă, tot mai multe sensuri și înnoiri de sens. Pentru că deseori trecem din poziția fiului dintâi, risipitor de avere, în a celui de-al doilea, batjocoritor al dragostei tatălui. Uitând că aproapele nostru este viața noastră și învierea lui, Învierea noastră. Că regăsirea lui este regăsirea noastră!

M.M.: Tatăl dumneavoastră era frizer, nu?

P.C.N.: Da, era un tip foarte hotărât! Sincer vorbind, mi-aș dori acum să găsesc între prietenii mei, între colegii mei preoți, tandrețea tatei de la locul său de muncă! Ți s-a întâmplat, sunt convins, să primești lecții de la oameni simpli. Eu am avut dascăli de istorie un vecin, muncitor calificat – cum se lăuda simpatic –, care îmi dăruia reviste de istorie ori îmi citea zeci de povești istorice. Povestea strașnic în cele două ore în care așteptam cuminte venirea mamei ori a tatei din schimb. Tot el m-a învățat cea mai grea lecție: oamenii mor. A fost primul meu prieten stins din viață. Am crescut mergând duminica la mormântul său, cu tata. Mulțumindu-i omului ăstuia că mi-a dăruit cutezanța de a căuta. Om liniștit și îndemânatic. El m-a învățat să bat cuie și să le scot, să spăl pe jos ori să sap mica lui bucată de pământ atârnată de balcon. Cu amintirea lui am crescut pe retină. Și soția sa avea să fie printre cei mai inimoși oameni pe care i-am cunoscut. A așteptat să mă hirotonesc ca să moară spovedită de mine. Și așa a îngăduit Dumnezeu. Merg pe la mormântul lor ca la niște bunici din vecini. Vitraliile mele de omenie imediată.

M.M.: Tind să cred că ați ascultat de vorbele tatălui, dar și de ale mamei. Acum, făcând o glumă, se spune că vorba frizerului ar trebui să fie un fel de crez pentru toți, în viață: *Capul sus!*

P.C.N.: Capul sus tot timpul, da! Oameni simpli. Cuminți. Colegii tatei ori colegele mamei. Cu griji. Cu copii. Cu munca multă, parcă prea multă. La tata, în atelierul de frizer, un parfum de fixativ plutea mereu nărilor ispită. La mama, magazinul mirosea, adeseori, a vânt de iarnă.

Coridoarele dintre rafturi, rănite de sărăcia vremii. Nu. Nu am prins pereții din faianță acoperiți cu bunătăți. Mama avea poze cu ea muncind, odinioară, atârnând rude de parizer ori salam pe carourile albite. Pentru mine, munca mamei era să servească pentru cozi interminabile de oameni obosiți, înghețați, triști. Tare triști. Oameni care aveau casele lor, dar, nu înțelegeam de ce, preferau să stea la coadă. Cu ei am descoperit incredibila răbdare a omului trist, flămând și trist. Șansa cea mai mare erau Librăriile. Raiuri. O vreme m-au pasionat camioanele mari, apoi autobuzele albastre, apoi cărțile, apoi numai cărțile. Într-atât încât Doamnele de la cărți deveniseră prietene cu salutul meu. Oboseam așteptând uneori câte o carte bună. Nu. Nu aveam de unde ști când o carte e bună sau nu. Am descoperit însă că în pachetele cu 4 cărți una e perfectă. Și așa am învățat că există cărți perfecte.

Le luam cu mine peste tot. Trăiam din poveștile lor. Creșteam cu ele. Aveam sentimentul unei nemuriri imediate. Din podul spitalului – unde mă ascundeam să scap de poveștile celor mari, bolnavi internați, ca mine, cu hepatită – am păstrat până azi lupta cu cititul. Cea mai de preț deprindere. Mă retrăgeam în sinceră singurătate cu o plăcere incredibilă. Mi-era nu doar bine, ci fundamental de bine. Știi ce înseamnă să nu mai vrei să citești nimic altceva decât semnele teribile ale vieții altora, care devin viețile tale? În sacul de antrenament, pe câmp – în tomnatecele lupte cu sfecle și cartofi ori maldăre împuțite de ceapă –, în geanta de la masca de gaze, în autobuz ori tramvai, în prelungile nopţi de serviciu la o fabrică de produse din cauciuc, cărţile nu m-au trădat niciodată. Un soi de stalactite în inima aşteptării mele. Când am descoperit cât de important este să trăiesc teologia, am descoperit şi de ce anume citeam. Ca să pot uita. Să pot fugi de răutatea lumii.

M.M.: Ce ne mai puteţi spune despre tatăl dumneavoastră?

P.C.N.: Avea mult talent, după cum am mai spus, era un om natural înzestrat pentru asta. Să ştii, cred că datorăm enorm simplităţii părinţilor noştri! Erau nişte oameni profund simpli şi esenţial corecţi. În fond, toate cărţile astea lecturate de mine erau dublate de tot ce aflasem acasă până atunci.

M.M.: Cine v-a insuflat dragostea pentru citit?

P.C.N.: Cred că îi datorez capacitatea de lectură profesoarei mele de limba română din şcoala generală şi profesorului de română din liceu. Prima s-a stins, nu mai este printre noi, doamna Rodica Căprău. Iar cu celălalt, cu domnul profesor Şindrilaru, am rămas foarte bun prieten, chiar până în ziua de azi. Dar hai mai bine să-ţi spun cum am luat eu Nobelul în Literatură, vrei? Anul trecut, profesorul meu m-a rugat să-i scriu câteva cuvinte pe coperta patru a unei antologii pe care a făcut-o dumnealui. Gândeşte-te, să te roage asta cel la care tu ţii ca la Dumnezeu mie mi s-a părut echivalent cu Nobelul pentru Literatură! Mai mult de-atâta, eu n-am la ce mai spera!

M.M.: Dar părinții ce-și doreau să iasă din dumneavoastră? Ați menționat mai devreme că ei și-ar fi dorit să aibă parte de carte și de studiu, dar nu au beneficiat de așa ceva!

P.C.N.: Ei și-au dorit foarte mult să merg la facultate. Mama ținea tare mult să fac Facultatea de Drept sau A.S.E.-ul, dar nu mai țin minte care era exact motivația din spatele acestei dorințe.

M.M.: Astea erau singurele opțiuni?

P.C.N.: Nu, nicidecum. Au crezut apoi că voi face Medicina, pentru că eu terminasem liceul la o clasă de Chimie-Fizică. Îndrăznesc să spun, am avut niște colegi de liceu absolut geniali! Sunt, foarte mulți dintre ei, medici în adevăratul sens al cuvântului și tocmai datorită acestui fapt îi iubesc ca pe ochii din cap și îi pomenesc constant cu atâta dragoste. Ei sunt parte integrantă a nădejdii mele în medicina românească. Eu, când mai aud că se înjură medicii, mă simt ca și cum ar fi un afront direct adus colegilor mei! De aia sar la cap, tot timpul, și câteodată, trebuie să recunosc, am momente când îmi ies din fire și sunt ca o fiară!

M.M.: Vă afectează injustețea care li se face!

P.C.N.: Este nedrept, desigur! Știu cât de mult au muncit colegii ăștia ai mei. Mai știu cum din clasa a noua până-ntr-a douăsprezecea au renunțat la toate chefurile, la toate plecările! Au renunţat la absolut orice altceva şi îi vedeam cum învăţau anatomia, cum străbăteau o biologie care era extrem de dificilă. Iar admiterea la Medicină până-n 1989 nu era o glumă era... bătălia Nagorno-Karabah[1], fie vorba între noi. Ei, între timp, am avut un soi de revelaţie, am constatat că eu vreau să fac A.S.E.-ul ca să fiu jurnalist, a fost visul vieţii mele să pot scrie la un ziar!

M.M.: La *Financial Times* sau la *Ziarul Financiar* probabil!

P.C.N.: Nu neapărat, că pe vremea lui *Ceaşcă* trebuia să faci o şcoală de-asta, mai specială... ori A.S.E.-ul, ori pe la Istorie pare-mi-se că erau nişte secţii...

M.M.: Ca să poţi fi ziarist!

P.C.N.: Ce nu ştiam la vremea respectivă era că mai trebuia bifată şi *Academia Ştefan Gheorghiu*[2] după aia, nu aveam nici cea mai mică bănuială că aşa se face, dar mi-am dorit foarte mult!

M.M.: Şi totuşi, nu aţi ajuns jurnalist, până la urmă.

---

1 Războiul din Nagorno-Karabah din anul 2020 a avut loc între Azerbaidjan, sprijinit de Turcia, şi autoproclamata Republică Arţah, sprijinită de Armenia, în regiunea disputată Nagorno-Karabah şi în teritoriile înconjurătoare (n. ed.).

2 Universitate politică înfiinţată în 1945 de Partidul Comunist Român, la iniţiativa Anei Pauker, sub denumirea de Universitatea Muncitorească a PCR. Cum aici se pregăteau cadre de conducere a activităţii de partid, a fost desfiinţată după Revoluţia din 1989 (n. ed.).

P.C.N.: Da, mi-au sărit din cap toate fumurile și planurile de făcut Jurnalism atunci când am intrat în armată, în 1989. În doar câteva luni de armată, eram la fel de *fresh* ca un copil mic.

M.M.: Ce s-a întâmplat acolo?

P.C.N.: S-a întâmplat așa: că eu, care nu mai înjurasem niciodată până atunci, am recuperat într-o lună toată pierderea ce avusese loc preț de optsprezece ani!

M.M.: În afară de această îmbogățire forțată a vocabularului, ce alte lucruri ați mai învățat?

P.C.N.: Am învățat atunci, în armată, mai mult decât oricând că, dacă ai un vis, trebuie să-l urmărești! Iar visul meu era preoția! Nu eram conștient de toată chestia asta. Într-a zecea mi s-a pus pata!

M.M.: Care este locul unde s-a născut dorința de a deveni preot?

P.C.N.: Undeva în Oltenia, acolo de unde este cumnatul meu, soțul surorii mele, Alexandru, într-un sat de olteni adevărați, la Cățet. Ăsta e un sat între Dozești și Cuci, situat într-o zonă absolut fenomenală, subcarpatină. Nu departe de satul ăsta este și *Roșia*[3] Mariei Ciobanu! Niște oameni cu adevărat excepționali! Am fost de curând la înmormântarea tatălui cumnatului meu, a

3 Roșiile este satul de reședință al comunei cu același nume din județul Vâlcea (n. ed.).

cuscrului adică, cum se zice prin partea locului. Ciudat și amuzant lucru, în mintea mea, *cuscră-zacuscă,* tot timpul s-a rostogolit jocul ăsta de cuvinte. Au plecat foarte mulți oameni de-acolo, însă, când am intrat ca preot între ei și i-am revăzut, mă recunoșteau unii dintre cei rămași, încă mai recunoșteau copilul de altădată. Atât de tare m-am bucurat! Acolo este locul unde mi-am petrecut vacanțele adolescenței serioase, să-i zicem așa: paisprezece, cincisprezece, șaisprezece, șaptesprezece ani.

M.M.: Preotul din sat a fost cel care v-a insuflat dragostea pentru preoție?

P.C.N.: A, nu, în niciun caz, nu l-aș fi luat niciodată ca model pe preotul din sat. În schimb, model mi-a fost un student din anul terminal la facultate și care avea să fie preot în sat, acela m-a însoțit în toate perioadele petrecute acolo!

M.M.: Intru și mai mult în detalii. Care a fost momentul *exact* când ați știut că asta vreți să faceți?

P.C.N.: Eu sunt convertit la Hristos prin *Cântarea Prohodului.* Tatăl meu cânta superb *Prohodul*! Nu-mi aduc aminte, în viața mea, nici când eram eu ateu așa, convins rău de tot, nu mi-am închipuit că aș putea trăi fără *Prohodul Mântuitorului.* Vinerea Mare era Vinerea Mare, fără nicio excepție!

M.M.: Acum o să vă pun o întrebare, o întrebare poate ușor mai specială, eufemistic vorbind, pe care sper să nu mi-o luați în nume de rău. Până la ce vârstă ați fost ateu?

P.C.N.: Păi cred că și astăzi mai am momente când sunt așa, din când în când, asta și din cauza faptului că ateismul este o formă de raționalizare a lucrurilor religioase! Iar eu nu mi-am pierdut rațiunea, fiind creștin.

M.M.: Chiar așa, cum ați defini ateismul? Există, pe lumea asta, atei absoluți?

P.C.N.: Cine spune că e ateu pur habar n-are ce zice! Nu există pe lumea asta ateu pur! Există proști care se cred atei și care cred cu sinceritate în puritatea ateismului lor. Ce nu înțeleg ei, de fapt, e că ateismul este doar o formă de control asupra religiozității, o rațiune excepțional de fină. Și e foarte dificil să înțelegi și să asimilezi asta la nivel celular!

M.M.: Este ceva care vă irită la acest tip de abordare?

P.C.N.: Eu, când îi aud cum vorbesc – și acum o să zic iar faza aia cu *Arici-Pogonici* și o s-o iau pe coajă –, mă crucesc! Atunci când îi văd că parcă decupează articole de-alea de propagandă din anii 1950, pe mine m-apucă răul! A evoluat enorm acest fenomen, inclusiv ateismul materialist-dialectic, chiar a evoluat din anii 1950. Am și zis că o să le cumpăr la un moment dat niște manuale mai noi câtorva oameni care merg prin studiouri și dau din carapacea lor de sangvinizare interplanetară!

M.M.: Mie-mi place tare mult o vorbă a lui Russell Brand, care spune ceva foarte interesant. De fapt, *a nu crede în ceva este tot o formă de credință*!

P.C.N.: Da, cu siguranță!

M.M.: Și ateismul, de fapt, nu este ateism!

P.C.N.: Să știi, eu nici măcar nu mi-am pus problema așa! Eu eram un miștocar la adresa Bisericii! Mergeam în Vișeul de Jos, la mătușa Maria, mătușă care, săraca, era de-un metru patruzeci, cam atât cred că avea. Dar avea inimă din cap până-n picioare! Avea o inimă de-un metru patruzeci! Și mergeam la săpat, la, știu eu, strânsul gândacilor de Colorado, că asta era la loc de cinste printre activitățile care se desfășurau vara...

M.M.: La cartofi!

P.C.N.: La cartofi, da! Și ea, care era o gură mare, ea săpa întotdeauna cu bunica! Țin minte și-acum că scoteam niște prostii din mine, o întrebam: „Păi cum o să fie cu Judecata de Apoi? Cum? Se va întinde pământul?" Aveam eu dilemele mele, matematico-fizice. Ca să mă potolească din avântul acesta care mă chinuia teribil, bunica o ruga: „Tu, Mărie, zi-i ceva!" La care mătușa Maria conchidea: „Ăsta-i prea deștept să rămână prost!"

M.M.: Avea un simț al umorului foarte dezvoltat!

P.C.N.: Deci, știi cum? Asta era vorba ei și cred că vorba asta mi-a prins foarte bine. Ele nu au

"

Indiferent ce ne spune lumea sau ce urlă vocile din capul nostru, putem fi creatori: atunci când ne lăsăm adevărul să vorbească, atunci când vorbește tare inima. Suntem creatori atunci când ne dăm voie să fim.

Mihai Morar

"

clintit niciodată de la filonul credinței și de-atunci m-au învățat așa și pe mine, am preluat ideea asta de la ele: credința nu-i pe argumente, credința-i pe fundamente! Credința nu poate fi argumentată! Nu poți să argumentezi că-ți iubești fetele! Fundamental, îți iubești fetele! Asta se întâmplă în viața de zi cu zi. Pentru noi, argumentarea aceasta mi se pare cea mai nefericită asumare! Dar nu am de gând să mă cert cu nimeni pe tema credinței. Dacă n-o ai, să fii sănătos! Nu te pot obliga eu! Dar este în mod cert o pierdere! Cine nu are credință pierde enorm!

M.M.: Spunea un om tare deștept: „Uneori, mă întreb dacă eu cred în Dumnezeu." Și nu știu ce să răspund, pentru că întrebarea asta naște alte întrebări. Ce-nseamnă să crezi în Dumnezeu? Înseamnă doar *să declari asta* sau înseamnă să declari pentru că într-adevăr *faci* și *trăiești* asta?

P.C.N.: Uite, aș schimba aici cuvântul declarație. „A mărturisi" mi se pare mie un pic mai adânc.

M.M.: Dar a mărturisi nu e cumva mai mult decât a spune?

P.C.N.: Trebuie, uneori e nevoie de asta! Asta e ideea! *Martyrion*. Pe aici, pe undeva, pe la-nceputul... De fapt, să precizăm, cu ocazia asta, locul deosebit de important unde purtăm această discuție! Ne poziționăm între părinții secolului cinci. Suntem la Proclus[4], Synesius[5], la Socrate[6], Sozomen[7] – asta e cea mai veche carte de istorie a Bisericii! Aici e Sfântul Chiril al Alexandriei[8], iar tu stai cot la cot cu Sfântul Ioan Gură-de-Aur[9] și eu, tot cu Chiril al Alexandriei, adică. Sfântul Nil, da? Că suntem într-o clasă aleasă!

M.M.: Acestea sunt scrieri ale părinților Bisericii!

P.C.N.: Ale părinților Bisericii, da! Patrologia...[10]

M.M.: Secolele cinci, șase, șapte!

P.C.N.: Latină și greacă! Undeva, mai în spatele tău, pe-acolo, sunt *Actele Martirice* și primele texte pe care le avem despre mărturisire! Ce comparăm noi? Hash-tag-ul guraliv cu Crucea care se asumă prin tăcere și prin mărturisire, în mijlocul unei mulțimi care vrea doar circ și pâine? Ce nu-nțelegem din nebunia vremii de acum? Ea nu-i deloc schimbată. Patologic, avem aceiași oameni care ne conduc, aceleași profiluri de oameni, aceeași Europă în derivă și aceeași

4 Filosof neoplatonician grec (n. ed.).

5 Episcop grec în Libia antică și filosof neoplatonician (n. ed.).

6 Filosof din Grecia antică (n. ed.).

7 Pe numele complet: Salaminios Hermias Sozomenos, avocat roman și istoric al Bisericii Creștine (n. ed.).

8 Patriarh al Alexandriei între 412–444 (n. ed.).

9 Cunoscut și ca Ioan Hrisostom, a fost arhiepiscop de Constantinopol, considerat unul dintre Părinții Bisericii (n. ed.).

10 Sau patristică, știință, care studiază scrierile Sfinților Părinți ai Bisericii Creștine (n. ed.).

nebunie, de a-i da pe creştini la lei! Nu la Leul românesc, că asta n-ar fi niciun pericol, nu? Ştii? Cam aşa!

M.M.: Părinte, ce este *mărturia*?

P.C.N.: Mărturia înseamnă să ai curaj să plăteşti cu viaţa ceea ce spui! Legat de acest concept, l-am întrebat odată pe un co-beligerant cu care discutam pe subiectul orei de Religie: „Eu sunt gata să mor să apăr ora de Religie şi pe copiii care trebuie să înveţe ora de Religie, tu eşti gata să mori pentru ideile tale?" Şi i-am mai spus atunci: „Când vor da cu flit României, vei fi primul care va lua avionul să plece la Bruxelles, sperând că acolo vei fi salvat!" Din păcate, am avut dreptate!

M.M.: Poveştile dumneavoastră din copilărie mi se par fascinante. În special devenirea asta, din copilul care făcea mişto de babele care mergeau la biserică!

P.C.N.: Nu, de babe niciodată, că praf m-ar fi făcut tata!

M.M.: Doar de biserică!

P.C.N.: Nu! Uite, mie mi s-a părut biserica un fel de mucava, ştii? Nu treci de ea şi gata! Eu vedeam tot fenomenul ăsta... și am mai spus-o, cred, de sute de ori! Era ca o fotografie, de care pur şi simplu nu treceam! Cum să fac tocmai eu mişto de babe, când bunica mea din Şchei, mama tatei, era de o blândeţe ieşită din comun? Ea avea strană acolo.

M.M.: Știu că aveți un program teribil de ocupat! Ați mai vizitat zona aceea?

P.C.N.: Am fost foarte fericit când am predicat în Șcheiul Brașovului, acum câțiva ani, chiar de *Florii.* Dar și mai fericit am fost când m-am așezat chiar în strana bunicii! La înmormântarea tatei, înainte de a începe înmormântarea, m-am pus în strana bunicii, pentru că pe tata aveam să-l așez în strana de pământ în care stătea bunica și-l aștepta de ceva ani. Eu cred în asta, e indisolubilă relația noastră cu Cerul și Pământul. Eu știu că, în Șcheii Brașovului, tot neamul din partea tatei, prin intermediul mamaiei, prin mama tatei adică, este din neamul lui Tempea și au plătit cu viața rezistența sa ortodoxă! Eu mai știu că biserica Sfântul Nicolae, cu ceva vreme înainte de a fi ceea ce este acum, a fost biserica care și-a chemat toți oamenii din urbea aceea, din afara urbei. La venirea tunurilor lui Buccow[11], au intrat toți enoriașii în biserică și au strigat: „Și-acum suntem toți, puteți trage!"

M.M.: Incredibil!

P.C.N.: Ei, de-abia *asta* înseamnă mărturisire! Restul sunt povești! Ce-auzim noi pe stradă cu drepturile constituționale ale elasticului de după ureche...

M.M.: Exact despre asta vorbea și omul pe care-l citam mai devreme, un canadian, spunea că

11 Adolf Nikolaus von Buccow (1712–1764), general de cavalerie austriac și guvernator al Transilvaniei, care s-a remarcat în războiul austriac de succesiune (n. ed.).

a crede în Dumnezeu, de fapt, nu înseamnă doar *a crede că tu crezi* sau *a spune că tu crezi*, înseamnă şi sacrificiu! Eşti gata să te sacrifici pentru ceea ce crezi?

P.C.N.: Şi mai e un aspect foarte important asupra căruia aş dori să insist, este aprioric să nu-L idolatrizezi pe Dumnezeu! Creştinismul are, în miezul său, un Dumnezeu întrupat, un Dumnezeu care suferă, şi nu un Dumnezeu idolatrizat! Noi asistăm acum, uneori, la imaginea unui Dumnezeu idolatrizat. Mă uit cum se mai ascund şi politicienii după acest *Doamne-Doamne*, pentru ca, ulterior, să dea cu pietre în popor – devine penibil!

M.M.: Care sunt formele periculoase de idolatrie ale lui Dumnezeu?

P.C.N.: Păi să-L bagi pe Dumnezeu în toate, ca şi cum Dumnezeu ar fi un păstârnac în ciorbă. Pe vremuri exista un scriitor, profesor care preda aceeaşi materie pe care o predau şi eu acum, care scria tot soiul de articole cu titluri dintr-acestea mai speciale: *Hristos proletarul, Hristos tipograful, Hristos*... Un moment, nu este chiar aşa!

M.M.: Dar Dumnezeu nu e-n toate?

P.C.N.: Este în toate, dar cu măsură! Adică, grijă mare atunci când zici că e-n toate, că nu-i panteism[12]! Există şi riscul acesta, o abordare care se constituie din nou în idolatrizare. Noi simţim

12 Concepţie filosofică monistă care identifică divinitatea cu întreaga materie şi universul (n. ed.).

și experimentăm asta pe pielea noastră, acum, în fața unui sincretism extrem de pervers, în care se afirmă că Dumnezeu este în toate, deci, trebuie să ne iubim neapărat. Putem să credem și-n Dalai Lama, și-n Buddha, și-n toate zeitățile, pentru că oricum, până la urmă, toate religiile sunt la fel! Ei bine, nu e deloc așa, să stăm puțin și să zăbovim! Numai într-una dintre religiile acestea Dumnezeu L-a dat pe singurul Său Fiu ca să moară pentru noi, iar Fiul acela a înviat! Toate celelalte religii – și asta n-o spun de la mine – toate celelalte religii cer să moară fiii noștri pentru ca Dumnezeu să fie preamărit! Numai în religia noastră Dumnezeu și-a dat Fiul să moară pentru ca noi să fim mântuiți! Este o diferență majoră!

M.M.: Și ce mai poate fi considerat idolatrie?

P.C.N.: Idolatrie mai este, de pildă, să nu fii atent la nuanțele din mărturisirea de credință. În franceză, se aude foarte bine, acolo, când se spune Crezul. Noi spunem: „Cred într-Unul Dumnezeu", nu? Iar în franceză este: „Je crois!" – Eu cred! De fapt, asta e ideea! Noi nu avem un Dumnezeu populist, care cere rating-uri și voturi democratice în biserică, noi nu votăm! De exemplu, la Dumnezeiasca Liturghie, nu facem sondaje de opinie: „Cine este pentru? Să vină Duhul Sfânt! Se abține cineva? Este cineva împotrivă? Nu? Bine, mulțumim!" – nu există așa ceva! Dumnezeu se impune cu rigoarea matematică a unui Dumnezeu care ne iubește! Iubirea se impune prin ea însăși! Ce faci atunci când simți că cineva te iubește? Faci mofturi, te zbați, exact cum fac copiii mici atunci când îi scoți din fața vitrinei în care aveau la vânzare păpușa sau cartea lor preferată, știi? Dar Dumnezeu se impune! Are un mod de a se impune cu o discreție ieșită din comun! Dumnezeul nostru este un Dumnezeu teribil de discret! Teribil de discret! Și-atunci, e de la sine înțeles că refuză idolatrizarea! Nu-i ca și cum am avea în buzunar un ceas vechi, căruia îi mai rotim cheițele, din când în când!

M.M.: Spuneați puțin mai devreme că Dumnezeu e în toate, dar cu măsură!

P.C.N.: Cu măsură, da!

M.M.: Dar nu cumva nu suntem noi aceia care-ar trebui să stabilească măsura asta?

P.C.N.: Uite aici măsura, cărțile din bibliotecă, Părinții Bisericii! Ei ne spun care e măsura. Hai să ne gândim la un exemplu simplu. În ce măsură e Dumnezeu în conducerea unui stat? Cât la sută e teocrație și cât e democrație? Dacă *democrația* se transformă în *demonocrație*, mai poate fi atunci vorba despre teocrație? Mai este loc de Dumnezeu? Când tu îți minți poporul și-l manipulezi, te mai numești tu omul lui Dumnezeu?

M.M.: Tu și jurând pe Dumnezeu, la învestirea în funcție!

P.C.N.: Exact! Când tu nu îți aperi poporul împotriva atacurilor celorlalți, mai ești tu în ordinea lui Dumnezeu? E interesantă problema aceasta cu *Ordo Deum*. E interesantă tare pentru că, în istorie, se repetă modelele, ele sunt aceleași, numai noi avem tendința de a nu ne schimba niciodată! Mai există un conservator celebru în istorie, ăla mic, negru, care miroase urât și care stă, de obicei, la cuptorul cu microunde. Oamenii care se aseamănă cu Dumnezeu sunt făcători de pace și sunt lumină! Când vor să pară altceva decât sunt, îi simți imediat! Radarul se pornește și simte! Se aude un piuit strident!

M.M.: De-a lungul vremii, ați cunoscut, ați stat la masă, ați conversat cu șefi de stat, cu înțelepți, cu oameni de știință, cu teologi, dar și cu oameni simpli. Ca să nu mai spunem că ați vorbit, cred, în fața a sute de mii, dacă nu a milioane de oameni! Povestiți-mi despre un om necunoscut în care L-ați găsit pe Dumnezeu, așa cum ar trebui El să fie găsit în oameni!

P.C.N.: O, dar asta s-a întâmplat cu mult timp înainte de a face Teologia! Teologia m-a ajutat doar să recunosc semnele mult mai clar! Nu-i unul singur, sunt mii! Mi-aduc aminte de parcă s-ar fi întâmplat ieri, de un bătrân pe care l-am cunoscut în copilăria mea, un oltean. Asta, așa, ca să-i facem o bucurie și domnului Tucă! Între Caracal și Corabia este o comună, care se cheamă Gostavățu. Acolo, în satul Brezuica, l-am cunoscut pe tatăl unei mătuși de-ale noastre, un om într-adevăr admirabil, care m-a învățat un lucru fundamental. S-a prins că, la masă, copchilul ăsta de oraș mânca pepenele până-n coaja aia verde. Și la un moment dat mi-a zis: „Nu-i voie așa ceva la mine, care am o pepenărie întreagă, tu trebuie să mănânci numai miezul!”

M.M.: Acesta este Dumnezeu?

P.C.N.: Dumnezeu este o gazdă care dă doar miezul pepenelui. A fost prima învățătură pe care am luat-o despre bunătatea unui om. Nu spun că bunica, soția lui, făcea o pită-n țest de trăsnea cale de câteva sute de hectare! Sunt gata să pun rămășag că simțeau și bulgarii, dincolo de Dunăre, ce pâine fenomenală făcea femeia aia! Și mai era ceva important! Niciodată, dar niciodată, nu o făcea doar pentru cei ai casei, întotdeauna o bucată pleca musai la săracii de lângă ea! Pe care nu-i bodogănea niciodată, dar niciodată, așa cum facem noi. Noi dăm și după aia începem să bodogănim: „Fir-ați voi să fiți, că ați venit iar, ah!” Ea n-avea niciodată chestia asta. Am învățat foarte mult în vacanța aia, era vacanța dintre cinci și șase ani, când încă nu mergeam la școală.

M.M.: Și cu toate astea, v-ați contrazis cu Biserica, cu Dumnezeu, L-ați negat!

P.C.N.: Bineînțeles, pentru că pe vremea aia... Dar ce puteam eu să știu despre Biserică, Mihai? Habar n-aveam, nu știam nimic despre Biserică. Biserica era, pentru mine, un fel de azimut necontrolabil. Mergeam în fiecare duminică seara, mergeam la mamaia, în Șchei, treceam prin cimitir, iar tata avea grijă să nu spună nimănui că mergem la biserică. Eu fiind gură-mare și comandant de unitate, nu dădea bine, știi? Tata avea grijă să nu spună „mergem la biserică”, ci, mai degrabă,

„acum mergem la bunica mea, la mormânt” sau, mai zicea tata, „la mama-mare”. Sau de Paști, țin minte... tare ciudat, chiar astăzi am avut o discuție cu cineva pe tema asta.

M.M.: Ce anume?

P.C.N.: Era Vinerea Mare de la intrarea în clasa a opta. Eu eram încântat, teribil de încântat de invitația părinților de acolo. Erau Părintele Ișa și Părintele Tașcianu, două fenomene preoțești, fabuloși oameni! Mi-au dat voie să intru în grupul copiilor care, îmbrăcați cu niște stihare, ce erau negre în Vinerea Mare, trebuiau să poarte Crucea și felinarele în jurul bisericii. Cu vreo doi-trei ani înainte, îl însoțisem pe tata în turla bisericii de la Sfântul Nicolae, acolo unde toaca bătea așa cum n-am mai auzit-o bătând niciodată! Dintr-odată, am simțit că intru în altă ordine a lumii! Era anul în care s-a anunțat – inclusiv pe noi ne-au chemat la Consiliul Județean al Pionierilor – să avem gijă să nu mergem de Paști acolo, că sunt echipe mixte care urmăresc factorii disturbatori ai orânduirii socialiste. Când m-am uitat mai atent, pe cine văd? Pe Florin Dobrescu, pentru că așa îmi amintesc că îl chema pe președintele Consiliului Municipal, care mi-a făcut cu ochiul. Adică, omul era liniștit, n-avea nicio grijă, venise la biserică! A doua seară, am dat să mă îmbrac, dar mama nu m-a mai lăsat de data asta. Nu m-a mai lăsat și bine a făcut! Ca să învăț ce valoare are haina de pe mine! Eu și acum când mă îmbrac, mă îmbrac știind ce valoare au toate veșmintele astea! Dumnezeu nu e ușor de dobândit! Respectul față de Dumnezeu, echilibrul în raport cu Dumnezeu. Să vezi bunul-simț al lui Dumnezeu e o chestie fantastică! No, și de-acolo am început să cresc. În fiecare an mi-am pus altfel problema. Gândește-te că ajunsesem în Oltenia, îți dai seama ce combinație deosebită eram eu, un pui de moroșan, cu un pui de șcheian, pe deasupra convertit de olteni. Întruparea perfectă a smereniei absolute, cum s-ar zice!

M.M.: Era numai o singură biserică în zona unde locuiați?

P.C.N.: Erau șapte biserici la care mergeam în sat, un preot slujea la toate șapte, da? Să ne-nțelegem bine, erau șapte biserici. Și cântam de șapte ori *Prohodul*. Niciodată, în patru ani de zile – șapte ori patru... hm –, niciodată nu m-am plictisit, îl cântam de fiecare dată cu aceeași bucurie.

M.M.: Unde găseați bucuria aceasta?

P.C.N.: În text, în poezie, în a-nțelege că, odată trecut de porțile bisericii, pășeam în altă lume, găseam bucuria în conștientizarea cordialității textului cu tine însuți. Asta-mi place mie în textul liturgic, dacă trăiești corect rugăciunea, rugăciunea e prietenă cu tine, însă tu nu ești întotdeauna prieten cu ea. Rugăciunea îți vorbește *ea* ție – pentru mine, acest lucru a fost impresionant! Pentru mine, cred că, în Rai, Învierea este aidoma cu ceea ce se întâmplă an de an în Oltenia. Biserica e-n mijloc și, de jur-împrejur, mesele de familie la care oamenii ăia se strâng cu toate darurile. În mintea mea se mai păstrează încă vii niște Ajunuri de Paști de la Sighetu Marmației în care oamenii stăteau, înainte de 1989 și chiar și după 1989, la fel de aliniați ca frații maghiari din Miercurea Ciuc, dar pe ei nu-i filma nimeni, știi, din dronă. Și mai seamănă foarte mult cu tot ceea ce știu eu din Maramureș, de la Baia Mare, dacă vrei...

M.M.: Exact așa se-ntâmplă!

P.C.N.: Știu că e la fel și acolo, când oamenii se-așază... – probabil că o să-mi spună cineva că e tradiție catolică!

M.M.: Cu coșercile!

P.C.N.: Da, exact! Cu mielul ăla din unt din care, Doamne, cred că până și îngerii care trec pe-acolo bagă și ei, așa, un colț de aripă, doar-doar să guste untul ăla de Maramureș!

M.M.: Într-o ordine perfectă, în curtea bisericii, fiecare familie vine cu coșul ei!

P.C.N.: Asta pentru că Biserica este a ordinii! În *Evanghelia după Marcu*, atunci când domnul Hristos înmulțește pâinile, este un pasaj în care se povestește despre acest subiect. Zice acolo: „Și s-au pus la pământ, pe pământ, stând jos, cete-cete, jos, pe iarbă verde!” Iată, deci, Biserica e pe cete! E pe cete de oameni. Dar mai e și *pecete*, în același timp, știi?

M.M.: Care este cea mai puternică rugăciune pe care o cunoașteți și pe care ați vrea s-o *share-uiți* cu cei care vor citi cartea aceasta?

”

Zgomotul de fond al lumii ne-a făcut să credem că libertatea noastră e-n altă parte! Libertatea noastră se află în noi, nu trebuie să o căutăm mai departe, ea e-n adâncul nostru, în inimă.

Părintele Constantin Necula

”

Pentru că acum aș vrea să ne întoarcem la acea dragoste pentru cuvânt despre care vorbeam la început. Prin cuvânt, prin binecuvântare, poți schimba lumea?

P.C.N.: N-aș ști să zic! Este, probabil, rugăciunea care îți vine-n minte când simți că-ți fuge pământul de sub picioare în fața morții unui copil.

M.M.: Care este sentimentul de a ține mâna cuiva care „pleacă"?

P.C.N.: Pe mine, unul, m-apucă plânsul când îi aud pe oamenii ăștia cu ce superficialitate tratează morțile din secțiile de Covid. Știi ce-nseamnă să ții mâna unui om care pleacă? Și să-i spui: „Nu te teme, e Hristos! Acolo e Hristos!" În mâna aia strânsă se află rugăciunea pe care vreau eu s-o *share*-uiesc.

M.M.: Îmi puteți povesti despre un caz care v-a impresionat?

P.C.N.: Am avut, în urmă cu ani de zile, o întâmplare care m-a marcat tare, cu domnul Ion, supărat un pic pe Dumnezeu, pentru că îi murise soția de cancer, n-apucase nici măcar să-și vadă fata măritată – bine, nici până acum nu s-a măritat fata, dar tot un om excepțional rămâne. Când m-am dus la el prima dată, citea din revista *Historia*, urmărea cu maxim interes momentul debarcării lui Cuza de la putere. El mai avea doar câteva zile și urma să se stingă – în câteva zile, ce-i drept, s-a stins – și continua să fie critic și atent la ce se-ntâmplă-n jur.

M.M.: Adică să se cultive până-n ultima zi a vieţii!

P.C.N.: Să se cultive, da! El activase în domeniul mecanicii fine, un profesionist de foarte mare calitate, şi mi-a făcut atunci cea mai frumoasă declaraţie pe care am primit-o vreodată, în calitate de preot. Am povestit mult în serile acelea şi i-am spus: „Nu te poate salva nimeni, situaţia este avansată, mergi către un Dumnezeu care este lumină! Nu te teme!" Şi-nainte de a muri mi-a luat mâna şi mi-a zis: „Vreau să-ţi mulţumesc!" „De ce?" îl întreb. „Ai fost inelul meu de siguranţă!" Şi l-am întrebat ce-nseamnă asta. Că eu am făcut practică, dar numa-ntr-a opta dădeam la pilă, să-nvăţ pentru Steagul Roşu. Zice: „Părinte, la capătul fiecărei tije a unei roţi se pune câteodată câte-un inel de ăsta. Ai fost inelul meu de siguranţă!" Mie asta mi s-a părut cea mai mare medalie pe care am luat-o ca preot!

M.M.: Şi s-a stins la câteva zile...

P.C.N.: Da, în seara aia, din mâna mea, în ochii mei, cum s-a mai întâmplat, de altfel, în repetate rânduri! Nici n-apuci câteodată să dai dezlegarea, te bucuri că-l vezi că-ţi zâmbeşte, deci a înţeles că este un om iertat, apoi te-ntorci să iei împărtăşania şi până să i-o duci... Uneori, la oamenii în comă, atingi buzele cu trupul şi cu sângele lui Hristos şi spui: „S-a atins de buzele tale şi va şterge toate fărădelegile tale!", că nu mai poţi să-i zici sau să-i comunici nimic, şi-l vezi cum lăcrimează şi, mai apoi, se stinge. După aceea deschid televizorul și ce aud că-mi spun ei mie? Linguriță versus izoletă? Serios?!

M.M.: Îmi vin în cap milioane de întrebări, asta poate și datorită faptului că este prima noastră întâlnire față-n față, la mai puțin de-un metru. Adică suntem sub limita impusă de distanțarea socială, însă apropierea pe care o simt este o apropiere mai degrabă emoțională.

P.C.N.: Acum, dacă stăm să ne gândim, între secolele patru și cinci, când au fost scrise cărțile între care ești tu încadrat, sunt totuși o sută de ani distanță, deci putem sta liniștiți!

M.M.: De ce oamenii se-ntorc spre credință, spre Dumnezeu, în momente grele sau în ultima parte a vieții?

P.C.N.: Nu e chiar așa!

M.M.: E un clișeu ce spun?

P.C.N.: E un clișeu, da!

M.M.: Dar știți că există șablonul ăsta!

P.C.N.: Am recitit de curând cartea lui Elie Wiesel, *Noaptea,* și profit de această ocazie ca să ți-o recomand și ție, și celor care ne citesc acum, este o lectură fundamentală! Sunt acolo trei momente-cheie! Primul e legat de Moise paracli-sierul, că în Sighet se petrece toată treaba! Moise, paraclisierul, care este considerat „nebunul satului", merge la sinagogă și este socotit unul dintre marii cunoscători ai Cabalei, însă nimeni nu dă doi bani pe el, pentru că vorbește fără şir. Se-mprieteneşte cu micul Elie şi îi spune, la un moment dat, o grămadă de lucruri deştepte, dar unul mai cu seamă de deştept, îi zice: „La Dumnezeu nu te duci ca să afli răspunsurile, ci cum să pui întrebările!" Mie mi se pare fabuloasă treaba asta! Şi la un moment dat, acest Moise este arestat de Gestapo, de poliţia maghiară, honvedă, este deportat, ajunge cu cei din ghetoul din afară, ghetoul săracilor, la locul în care erau aduşi de obicei cei de prin Vişeul de Sus, din Borşa. Apropo de treaba asta, n-am ştiut că prin 1956 moare ultimul evreu din Borşa! Au fost săraci, tare, dar aveau o sinagogă superbă! Şi pleacă, este dus pe-un câmp, unde sunt împuşcaţi toţi, mai puţin el.

M.M.: Dar cum de scapă tocmai el?

P.C.N.: Scapă pentru că este împuşcat în picior, iar cei din plutonul de execuţie l-au crezut mort. Acest profet, rănit în picior, precum altădată Israel, vine şi spune: „Băi, oameni buni, v-aşteaptă moartea, ăştia vă vor ucide, vă vor călca-n picioare, vă vor face praf, vă deportează, vă-mpuşcă copii, vă vor arde..." – nimic! Nimeni nu-l crede! Până-n ziua când vin să-i aresteze, iar el vine şi le zice, amar: „V-am spus?" Şi pleacă, dispare de tot, de parcă nu ar fi existat niciodată, ca o nălucă, nu mai apare deloc în carte. Şi nici în istorie. Cine ştie unde s-a dus? Deşi, cunoscând acum zona Sighetului, dacă din Cămara Sighet o luai un pic în sus, erau şanse mari să scapi!

Al doilea moment important este cel cu nebuna satului, femeie într-adevăr bolnavă, care, în timp ce sunt purtați cu trenul, de la Sighet către Auschwitz, urlă și spune în repetate rânduri: „Văd un foc mare, o să ardem toți! Văd un foc mare!" Au avut posibilitatea, în vreo două-trei situații, să scape! Ciudat este că nu scapă niciunul, nimeni nu face absolut deloc efortul eliberării! Ajunși la Auschwitz, oamenii încep să moară pe capete, unul câte unul. Mai întâi moare însăși mama lui Elie Wiesel, urmată fiind de surioara lui mai mică.

Al treilea moment definitoriu al poveștii este acela când el se rupe de Dumnezeu, când noțiunea de Dumnezeu îi dispare din conștiință! Dumnezeu, pentru el, este persona *non-grata*! Însă, în tot oceanul acesta de tristețe, este și o cheie: la un moment dat, pe undeva, într-un lagăr minor de lângă Auschwitz, un copil de 13 ani este spânzurat. Cineva din spate întreabă: „Unde-i Dumnezeu? Dacă Dumnezeu există, unde-i Dumnezeu în clipa asta?" Și el, întorcându-se, vine și zice: „Atunci am înțeles că Dumnezeu era cel spânzurat!"

Poate nu toată lumea percepe subtilitățile acestea, nuanțele acestea. Cred că am citit sute de memorii – și nu-i laudă asta, e doar muncă asiduă –, sute de memorii ale celor oprimați în lagărele comuniste, din pușcării, din lagărele din Uniunea Sovietică, din toate locurile de unde umanitatea părea a fi doar o noțiune perimată. Și mi-am dat seama, pentru a nu-știu-câta-oară: înaintea tuturor grozăviilor acestora, Dumnezeu nu ne cere să credem în El, ci ne cere să-L lăsăm pe El să creadă în noi! Să nu ne pierdem niciodată omenia! Oamenii închişi într-unul dintre locurile astea, mai ales cei care nu şi-au pierdut niciodată omenia, în ciuda tuturor greutăţilor şi umilinţelor la care au fost supuşi, sunt fabuloşi! Fabuloşi, pur şi simplu!

M.M.: Îmi vine acum în minte povestea lui Arghezi, de exemplu, care, vorba aceea... ca să vă citez pe dumneavoastră, „L-a bodogănit toată viaţa pe Dumnezeu".

P.C.N.: Trebuie neapărat să citeşti un roman care nu s-a reeditat la noi, *Poarta neagră* se cheamă. Iar dacă nu-l găseşti, am să-l iau din bibliotecă să ţi-l aduc. Eu l-am luat de undeva, dintr-un vechi anticariat. Să-l vezi pe Arghezi de ce nu mai crede la un moment dat în Dumnezeu – când găseşte în aceeaşi puşcărie copii nevinovaţi, alături de oameni agresaţi din considerente politice, cum a fost şi cazul său, condamnat pentru germanismul lui, şi-i vede pe şmecherii de război care s-au îmbogăţit şi care, plătind şpagă în stânga şi-n dreapta, scapă! Nici eu n-aş fi crezut într-un Dumnezeu care face dreptatea în felul acesta, dar Dumnezeul nostru nu aşa face dreptate! Arghezi este Arghezi! Ştii vreunul dintre colegii de puşcărie ai lui Arghezi? Nu mai ştii nici tu, nu mai ştie nimeni de ei, au rămas în istorie drept nişte hahalere, nişte zerouri ambulante! În aceeaşi idee, mă uitam şi la Slavici. Imaginează-ţi, să te-acuze ungurii că eşti pro-român şi să te bage-n puşcărie, să te ţină acolo zdravăn de tot, un an în lagăr, nu? Bine, însoţit de frumoasa lui ploieşteancă, dar tot lagăr se cheamă. Știai că doamna lui de-a doua a fost eleva lui Eminescu, la Limba Română? Întors la București, au sărit pe el românii, să-l acuze că e filo-germano-maghiar! În ce dramă a trăit omul ăla? Ulterior, a fost înmormântat undeva pe lângă Buzău, lângă Panciu, pe-acolo, pe undeva, într-un loc tare frumos. Mai întâi l-au înmormântat într-o mănăstire și-apoi l-au mutat în cimitirul local. Până la urmă, Slavici a rămas Slavici! Ceilalți... nu mai știe nimeni de ei! Numele celui care l-a lovit prima dată pe Steinhardt în pușcărie și-l mai amintește cineva?

M.M.: E incredibil! Simt o conexiune incredibilă cu dumneavoastră în aceste momente. Iar această conexiune nu are loc neapărat între oameni cu același nivel de cultură. Dumneavoastră ați citit biblioteci întregi...

P.C.N.: Nu chiar biblioteci!

M.M.: Timp în care eu eram ocupat să fac emisiuni cu domnul Buzdugan, pentru care sunt recunoscător!

P.C.N.: Da, prietenul nostru comun!

M.M.: Prietenul nostru comun. Exact la Steinhardt mă gândeam în momentul în care ați pronunțat *Steinhardt* și... voiam să vă spun cum Steinhardt, Monahul de la Rohia, a găsit, de fapt, libertatea în închisoare!

P.C.N.: Pentru noi, în calitatea noastră de pui de moroșeni, bine, pe jumătate în cazul meu, Steinhardt este eliberatorul de energii! În nemernicia mea, că alt termen n-am, nu m-am învrednicit nici până în ziua de azi să merg la Rohia, atât de păcătos sunt!

M.M.: Am fost acolo chiar astă-vară!

P.C.N.: Îl port pe Steinhardt în esența oricărei propovăduiri pe care o am la îndemână! Nouă, ca studenți, în anii 1991–1992, *Jurnalul Fericirii* și *Dăruind vei dobândi* ne-au schimbat opinia despre viață, ne-au schimbat optica! Alături de cartea lui Dumitru Bacu despre Pitești, despre Fenomenul Pitești! Înainte de a exista orice altceva, a apărut apoi teribila *Struțocămilă* a lui Vladimir Volkoff, de care ne-am șocat toți, apoi au apărut zecile de mărturii. Și-apoi, aici, undeva, pe un colț de stradă, la noi, la Sibiu, era Asociația Foștilor Deținuți Politici. Oare de ce le-om spune „foști" câtă vreme îi arestăm printr-o lege nouă? A, le dăm pensii numai unora și altora, nu! Asta rămâne de discutat.

M.M.: Ați stat de vorbă cu vreun deținut politic?

P.C.N.: Nu doar cu unul, ci cu mulți, cu foarte mulți!

M.M.: Și avea dreptate Steinhardt? Cu alte cuvinte, ați mai simțit și la alții expresia asta, a găsirii fericirii, a libertății, în cea mai cruntă temniță?

P.C.N.: Da, *la* mulți dintre ei, dar, în aceeași măsură, am avut și reacții à la Elie Wiesel. Care nu sunt judecabile! Știi, Mihai, noi vorbim și uneori avem tendința să îi ponegrim pe oamenii ăștia, că sunt între ei, de exemplu, cei care au fost co-părtași la momentul Fenomenului Pitești, pe care noi, îi privim, așa, de sus, întrebându-ne „băi, cum au trădat ăia?". Numai acolo să nu fii! La porțile iadului nu încap valorile pe care noi le șmecherim acum! Am terminat de curând cartea domnului Filaret N. Toma, *Pe drumul pavat cu ghimpi. Amintiri.* Ei, să vezi acolo un tânăr cuminte, crescut profund românește, autentic, de loc din Săcălăușeni, din Bucovina istorică, cum este atacat, hârâit și rupt de hienismul anilor 1948, 1956, 1960 și cum, după ce l-au descărnat de tot ceea ce ar fi trebuit să fie românesc, osul i-a rămas tot românesc, fără a face parte niciodată dintr-o mișcare politică propriu-zisă. Scrie perfect românește, gândește admirabil și este în stare să admire, în continuare, omenia celor din jur. E fabulos! Or, în penitenciarele acestea s-a clădit o altă comunitate de români.

Există o poveste depre un tânăr, luat de pe platforma Uranus, care se afla în vecinătatea unei pușcării, chiar față-n față cu Ministerul, acolo unde este construită Catedrala Mântuirii Neamului. Practic, la talpa Catedralei Mânturii Neamului sunt sutele de tineri despre care noi nu mai știm nimic acum. Au fost luați de-acasă, umiliți, bătuți, chinuiți, în parte morți, tineri și copii care nu s-au mai întors niciodată acasă! De fapt, noi acolo construim o casă, pentru cei care nu mai au acum la ce casă să se-ntoarcă. E foarte trist, cine nu-nțelege asta înseamnă că a trăit de pomană în România! Ei bine, la Jilava este un moment în care, din grupul ăsta de tineri, de copii care sunt puși în pușcărie, unul dintre ei pare că dă cu flit gardianului, nu se supune niciunui ordin al acestuia. Mă, îl bătea gardianul ăla de-l rupea! Părea că trece prin el cu privirea. Până la urmă, după multe bătăi încasate, unul dintre ei se prinde: copilul ăla era surd! Îl bătuseră atât de tare, încât îi spărseseră timpanele! El ar fi vrut să execute, probabil, dar nu mai putea să-nțeleagă nimic! Niciodată, dar niciodată, Dumnezeu nu îi va ierta pe cei care nu s-au pocăit pentru asta! Niciodată! Cei care au crezut că *asta* trebuie să fie normalitatea! Cei care cred în continuare că nu vor da seamă înaintea morților de la Stalingrad sau din Tatra! Că tot s-a stins domnul Nicolae Sabău, care avea cântecul ăla despre Tatra[13]! Cine nu-nțelege câți copii români au rămas fără tați în al Doilea Război Mondial, doar pentru orgoliile politicienilor și pentru nestatornicia lor, nu vor fi iertați la judecata istoriei! Să luăm aminte, Dumnezeul nostru este și un Dumnezeu al istoriei!

M.M.: Am auzit, în ultimul an, de foarte multe ori, pronunțându-se expresii de genul „ne-ați luat libertatea”, „ne băgați, ne țineți în închisoare în case”, și-așa mai departe! Cum poți găsi libertatea în niște vremuri, în care, într-adevăr, nu poți să mai beneficiezi de atâta libertate de care beneficiai până acum un an?

---

13 În Munții Tatra (n. ed.).

P.C.N.: Acum, pentru unul care n-a avut neapărat vacanțe pe la capătul lumii, de Paști, ori să mănânce meduze... *enflambé... nu e așa o tragedie*!

M.M.: Dar cum arată sufletul nostru după primele valuri de Covid?

P.C.N.: Asemenea unor plaje pe care s-au strâns gunoaiele din adâncul de furtună al mării. Naufragiați. Așa părem. Mi-am adus aminte de ce-mi povesteau, deseori, foștii deținuți politici în ceea ce privea supraviețuirea lor. Se jenau că n-au murit cu ceilalți. Poate de aici și tăcerea lor. Instrumentalizarea prin frică a bolii, închiderea în celulele depresiei a celor internați, oboseala grea a celor care căutau să-i susțină. Naufragiați. La capătul bătăliilor, trupurile de nevăzut ale morților. Le-am cântat să doarmă în pace. Un cântec de leagăn prelung. Acoperiți cu lut, deveneau flautele plângerilor din adânc. Pe sub podmolul sufocat sub ploi ori frig, cuvintele lor rămân incrustate în cuvintele noastre. Exerciții de rugă. Exerciții de tăcere.

Când a răsărit primăvara, în colțul de Înviere al lumii, inimile noastre au recăpătat puls. Ne-am recunoscut greu pe străzile care ieșeau din pustiire. Ca după un război al prafului uscat de vântul iernii dintâi. O iarnă care fugea spre noi purtând moartea pe buzele sale de ger. N-am apucat să fugim. Nici să stăm locului. Ne-am întărâtat unii către alții cu ură, cu negândire. E jocul în care ne-am vârât singuri. Siliți de conjunctura lucrurilor pe care le auzeam. Un talaz de mizerii ieftine au căpătat valoare de știință, de cultură socială, de comunicare. Și plaja s-a umplut de minciuni. De jumătăți de sens, de manipulări ieftine. Ieftine pentru cei care le vindeau, scumpe pentru cei care cumpărau.

În colțul de Înviere al lumii, cântecele s-au cuprins unele pe altele. În vinele împietrite de teamă ale trupului social curgea sângele cordialității duhovnicești. Niciodată nu mi-am înțeles mai bine rostul de mediator în numele lui Iisus Hristos ca în vremea carantinării Lui. Interesant că puneau la colț pe Hristos tocmai cei care strigau în gura mare că Biserica nu știe să-L ofere oamenilor. L-au închis. Crezând că, adus doar în lăcaș, Se va pierde. Ori Dumnezeu nu e fum. Pe fiecare colț de pat al bolnavului, un altar. În casa cu griji, o multitudine de gânduri. La masa cu prunci, iconostas de așteptări. Și în lăcașul propriu-zis, liniște de schit. Învățând parcă să retăcem credința. Închiși în lăcașuri, preoții au purtat cu libertate rugăciunea poporului la Cer. Îndrăznesc să spun că niciodată n-am aflat atâta cer în cuvintele rugăciunii. Un soi de neostoită încurajare. Limpede. Ca prima ploaie de încurajare a grâului de sub brazdă.

M.M.: Îmi vine în minte cartea lui Nassim Nicholas Taleb, *Lebăda neagră. Impactul foarte puțin probabilului.* Aceasta propune subiectul impactului improbabilității și căi de ieșire din impas. A fost pandemia o Lebădă Neagră?

P.C.N.: Aici este cheia înțelegerii duhovnicești a unei astfel de perioade. În încurajarea din cuvintele *Evangheliei*, din frumusețea iconică a lăcașului, în calmul luminos al cântării. Am auzit pe mulți dintre oameni cum au descoperit ce pierduseră alergând prin viețile lor și ale altora. Unii cred, și-i cred, că au redescoperit Învierea. În fond, un an am alergat toți, dis de toate diminețile, la Mormântul Domnului Hristos să vedem că este gol. Toate diminețile lumii s-au umplut de Înviere. Chiar și pentru cei care mureau sub ochii încercănați ai privegherii. Frenezia penibilului lumii s-a oprit atârnată de însingurarea care a umplut lumea. Pășind atent peste pragurile caselor care așteptau încurajare și rugăciune, mi-am aflat curajul de a ierta, de a mă ruga, de a învăța să cred și să nădăjduiesc. Din plinul de nădejde care umplea zbaterea tâmplelor s-a schimbat limpezimea lacrimii părerii de rău. Nu-i putem ține în viață pe toți ai noștri. Dar putem să credem, să nădăjduim. Să iubim.

Când s-a desfăcut legătura rămânerii în casă, ne-am privit o lume buimaci. Ca după o lungă absență din viață. Precum și era. Sentimentul că morții evadaseră m-a încercat de fiecare dată când i-am însoțit. Ca pe niște prieteni. Uneori cu chip. Alteori fără chip. Deseori fără istorie. Când rosteam „că Tu ești Învierea, și Viața, și Odihna...", am descoperit că așa este, deși știam că așa este de mult, de tare demult. Niciun cutremur de pământ nu ne-ar fi scos așa de șifonați psihic dintre dărâmăturile lui. Nu aveam ce moloz să scuturăm, și totuşi gustul de iască prăfuită de urât ne-a uscat buzele.

În timp, ne-am obişnuit să trăim. Am auzit copiii râzând pe stradă şi am înţeles că nu e totul pierdut. Cine va da adolescenţilor înapoi un an de tei înfloriţi? S-au pierdut în ierbarele neatentei noastre grabe. Fugeam prea mult. Unii de alţii. Unii împotriva altora. Şi nici acum nu-i altfel. Cred că am uitat prea repede prin ce am trecut pentru că ne urâm prea tare. Ura este o formă de fugă. Care hărţuieşte fericirea cu aducerea aminte de rău. Un soi de cucuvea împăiată cu vorbe murdare. Care și-a pierdut cântul de moarte. Și a făcut din moarte un mod de a cânta.

Căştile din urechi nu au mai folosit concentrării şi ştergerii sunetului de fond al lumii. În nopţile când nimeni nu ieşea pe stradă, fasciculul girofarului aprins părea zgomotos. Un sfârâit de fum înecăcios îţi inunda ochii. Aici, bunăoară, se întâlneau tinerii seara să râdă bucuroşi, iar aici, sub malul de lumină, acum fără sens, se chinuiau florile să nu roşească de glumele lor. Nu e loc de supărare în striaţiile lucind de aşteptare ale Oraşului. Cred că numai cine a fugit noaptea în ajutorul cuiva, în zilele acelea, recunoaşte zgomotul de rotor obosit al lumii ce suntem. Răutatea care a izbucnit mai apoi ne spune cât de urâţi suntem. Cât de tare ne-a sluţit frica de a fi oameni. Aud cum se ceartă oamenii pe credinţe obscure și mi-e teamă că răutatea câştigă mereu teren prin lipsa de înţelegere a tragediei ce locuieşte în pleura clipei. Tristețile unora, ruguri de ars vrăjitoare în mintea rănită de sine a altora.

Hristos stingher pe stradă. Ascultă oftatul în somn al copiilor. Știe suflul de dus al celor bolnavi. Caută în bezna din sufletele noastre. Nu-i ușor să învii un popor care a uitat suferințele ce le-a purtat și acum geme de ură, de necordialitate cu adevărul. Stingher, Domnul se plimbă pe aleile înfundate de noroi din parc. Am trăit un moment în care, în Noaptea Învierii, mașina Poliției păzea soborul Catedralei să nu evadeze Hristos. Unde ne vom fi pierdut omenia, încrederea între noi, încrederea în noi? Unde ne-am pierdut pe noi?

Dintre multele soluții anti-Covid, stăruirea în rugăciune m-a impresionat cel mai mult. Este mereu nevoie de liniște ca să îți aduni cuvintele și să le faci rugăciune. Și de rugăciune să liniștești liniștea. Am reînvățat rugăciunea. Ca o scufundare în golful cu apă moartă pentru a afla perla de preț a vieții. Câtă moarte, atâta încercare de curaj. Pricina răului, răul adică, ispitește mereu cu scenarii. E nesfârșit în scenarii. Produce expectorații de minciună împachetată în zeflemea. Uitați-vă la răstignitorii lui Iisus și veți înțelege. Rugăciunea evită cuvintele tari. E un cântec, un susur de încredere deplină în forța ta ca om că îl poți provoca pe Dumnezeu să-ți îngăduie asemănarea. Orgolioșii de noi. Frunze atinse de boala întomnării. Copleșitor de uscat, aerul din rugăciune face să crească portocali în pustie. Iasomie în tainița de gheață a sufletului. Un colac de grâu copt în lacrimă vindecă răutatea lumii.

Numaidecât, îţi spui, trebuie să încep rugăciunea. Dar rugăciunea nu este cu trebuie. Este cu „de este cu putinţă...". Domnul Hristos se propune morţii cu braţele întinse pentru a ne provoca la îmbrăţişare. Nicio îmbrăţişare nu e valabilă fără aceasta a Lui.

Între timp a mai trecut un Paşte şi ne ţinem aproape de iarnă. Înainte de a se însera, e în firea Învierii să-i cerem să rămână cu noi. Vine noaptea. Nu ne îngrijorăm numai pentru noi. El, El ce o să facă? Iarăşi stingher, iarăşi pe străzile pustii? Încărcat de adevăr, Dumnezeu Îşi scutură colbul din umblet pe coada de foc a toamnei. Ceaţă. Adâncă. Şi înţeleg că a crede înseamnă a şti că, în ciuda ceţii sufocante, dincolo de plafonul ei limfatic şi confuz, muntele pe care-l ştii sau îl bănuieşti e Acolo. Acasă din spatele întunericului. Când descoperi că Hristos este Viaţa, nu te mai îngrijorează moartea. Când ştii că El este calea, nu te mai temi de piscurile ce le ai de străbătut şi de văile în care te vei coborî ca să visezi. Când ştii că Domnul este Adevărul, înţelegi pe deplin de ce minciuna merge învelită în umbra mincinoasă a izoletei, fosa suflerului fricii în inimile noastre. Ştii că nu poţi fi înfrânt. Că nimic din gloria lumii nu spulberă slava lui Dumnezeu.

Am căutat la ridurile din ochii bătrânilor. Nu o să fim ca ei niciodată. Nu avem niciun ţel de generaţie. De aceea dezbinăm, urlăm, nu vorbim, cotonogim dreptatea şi strigăm după adevăr. Convulsiv, gândul nostru freamătă, dar nu mai rodeşte. Lor le-au ieşit grânele prin palmele bătucite. Când mâinile lor se vor așeza pe coșul pieptului lor – lăcaș în care porumbelul Duhului sfânt nu mai clocotește viață –, cununile lor nu ne vor mai încorona așteptările. Mâinile lor crăpate de muncă dovedeau că lumea e făcută din oameni. Fețele lor, icoane de lut ars la soare, vor sesiza, la Judecată, iertarea lui Dumnezeu pentru noi. Cu bătăturile lor vindecă nemunca noastră. Dar noi ce vom vindeca acelora care vin din noi, după noi? Un potop de nimic curăță în fiecare zi plaja de frustrări în care ne credem stăpâni. Niciun murmur de ape, nicio umbră de flori. Numai noi cu neputința de a digera pandemia de răutăți inutile. Inutile total.

Pe Cruce, Hristos Iisus, Dumnezeu-Om, ține partea omului. Cere iertarea noastră. Vindecă neputința noastră de a iubi. Pandemia mi-a deschis ochii pe Crucea aceea de pe care El, Dumnezeul Slavei, ne umple de sens. Iar sensul e Împărăția.

M.M.: Programul guvernamental „Paște în Maldive"...

P.C.N.: Da, da. Deci, pentru ăștia care n-au avut pretenții de-astea, libertatea noastră-i aceeași!

M.M.: Nu, dar care-ar fi exemplul unor părinți cum e Steinhardt, despre a-ți găsi libertatea în spațiul ăla care poate fi... nu tocmai cel mai fericit!

P.C.N.: Eu, sincer să fiu, găsesc că și acum sunt liber. Uite, Mihai, noi, când eram mici, ne mai rugam, știi? Că era un moment când ne rugam şi ziceam: „Eu sunt mic, tu fă-mă mare! Eu sunt slab, tu fă-mă tare!”

M.M.: Cum ne-au învăţat bunicii să spunem...

P.C.N.: Libertatea înseamnă să fii lângă îngeri, libertatea o ai când ai norocul să stai lângă îngeri! Anul trecut i-am auzit pe foarte mulţi vorbind: „Că am fost puşi aşa, c-aşa şi pe dincolo!” Mie mi s-a părut că libertatea a fost încălcată atunci când maşina Poliţiei, trecând prin faţa Catedralei, la ora douăsprezece noaptea fix, s-a oprit şi a drumul la girofaruri ca să ne-arate că e prezentă la apel, de parc-ar fi evadat Hristos! Şi ne-am oţărât toţi, că suntem cu toţii, până la urmă, oameni cu responsabilităţi în ţara asta, iar preoţii, mai abitir! Şi mi-am zis: „keep calm!”, e vremea lor! E vremea girofarurilor! Libertatea, ca şi iubirea, nu răspunde la întrebarea „Ce?”, ci la întrebarea „Cine?”. Iar răspunsul este Hristos! A fi liber în Hristos înseamnă a dărui cu zâmbetul pe buze! Până la urmă, cea mai deplină formă de libertate este să te duci lângă potir, să deschizi gura şi să primeşti Trupul şi Sângele lui Hristos. Atunci când toţi ceilalţi ne spun: „Închideţi gura!”, Hristos ne spune: „Deschideţi gura şi primiţi Trupul şi Sângele lui Hristos!”. Mă simt tot timpul de partea Bisericii. Şi asta e foarte important: sunt de partea Libertăţii! Mântuitorul nu ţine să fie „la modă”, în timp ce toţi ceilalţi ţin să fie la modă. El ţine la Adevăr, care nu-i la modă niciodată! Să nu uităm ce preţ au plătit unii, înaintea noastră, pentru ca noi să putem fi azi aici, Forţa Bisericii!

Nu suntem, slavă Domnului, roboți. Avem nevoi și printre acestea există și nevoia de rugăciune, de liniște, de cultură și har. Or, pentru acestea toate suntem chemați să ne odihnim în darul iubirii lui Dumnezeu.

Părintele Constantin Necula

Le mulțumesc foarte mult celor care au venit la slujbă, să-i spună Bisericii că le pasă!

M.M.: Au fost momente când indivizi particulari s-au arătat a fi nemulțumiți de dumneavoastră și de activitățile bisericii în perioada pandemică?

P.C.N.: Am avut o discuție odată cu un domn, care avea tot timpul reacții adverse când auzea clopotele bisericii. Mihai, nu te mint, a vorbit domnul ăla împotriva clopotelor Catedralei, le-njura de parcă erau cel mai mare rău al pământului, nu... n-am cu ce să compar! M-am întâlnit cu el după o vreme. Cum în apropierea Catedralei, deci nu departe de centru, există un singur spital, și pentru copii, și pentru cazurile de Covid, se aud constant alarmele, sirenele, aproape în fiecare zi! Și i-am zis: „Domnule profesor", zic, „cum e de preferat, în loc de clopote, atâtea sirene?... Nu ați prefera totuși, *în locul sirenelor*, clopotele? Clopotele vestesc Învierea, Binele, Bucuria". S-a uitat la mine, a dat să zică ceva și, până la urmă, a zis: „Mama e foarte bine! Mama e foarte bine și să știți că ține foarte mult la pretenția ei de a crede mai mult în clopote decât în sirene!"

M.M.: Ce ne-a îndepărtat de tot ce este esențial?

P.C.N.: Zgomotul de fond al lumii ne-a făcut să credem că libertatea noastră e-n altă parte! Libertatea noastră se află în noi, nu trebuie să o căutăm mai departe, ea e-n adâncul nostru, în inimă. Niciodată n-am fost mai liber decât atunci când afară se plimbau Jandarmeria și Poliția, iar eu, împreună cu cântărețul și paracliserul, făceam Liturghia și ziceam: „Binecuvântată este împărăția Tatălui"... Știam și eram perfect conștient că zece mii, unsprezece mii de oameni se uitau în momentul ăla pe Facebook și erau în genunchi, dimpreună cu noi!

M.M.: Nicicând Steinhardt nu a fost mai liber decât atunci când era în întuneric!

P.C.N.: Trebuie să spun că același lucru l-am simțit când am dus bolnavii de Covid la cimitir, însoțiți de toate organele statului. Îți dai seama, ce onoare pe noi, ne-au însoțit Poliția, Jandarmeria, dronele? Uneori, și camerele de luat vederi ale câte unui activist, de-ăsta, așa, pus pe înfăptuit dreptatea și pe expus injustețea socială, care musai trebuia să ne prindă fără mască la mort! În penibilul acela al situației m-am simțit extrem de liber! Pentru că, știi, creștinismul e ca haiducia lui Pintea. Ți-aduci aminte replica aia? Când am filmat cu domnul Florin Piersic, la un moment dat, i-am adus aminte de cea mai tare replică, o replică despre care eu cred că va rămâne în istoria filmului. Ții minte că se răscoală, la un moment dat, cel care avea să-l trădeze, de fapt: „Pintea, n-ai dat pământul la cutare? N-ai făcut cutare?" „Taci, mă!" „Și le-ai dat, dar n-ai luat de la... robi, să ne dai?" „Taci, mă!" Și ăsta tot continua, o ținea pe-a lui, cu întrebările. Și dintr-odată se-aude: „Pac!", îl împușcă și conchide: „No, amu oi tăce!" Ce lecție să tragem noi de-aici? Uneori, sunt lucruri pe care trebuie să le faci exact ca Pintea! Să ai, în speță, curajul să-ţi asumi responsabilitatea de a spune: „Alternativa libertății este viaţa. Sau moartea!" În raport de aceste două repere trebuie să alegi libertatea! Mie mi se pare că un om liber este cel care se pocăieşte la timp!

M.M.: Dar cum îţi ţii îngerul aproape? Sau cum mai poţi să dai de el în perioada asta?

P.C.N.: Păi, cred că cel mai simplu este să-i vorbeşti direct. Da, vorbindu-i. Bine, acuma să nu vorbeşti chiar aşa, singur, că mai sunt şi chestiuni patologice atunci când ţi se pare că-ţi vorbesc îngerii, dar există o cordialitate a Cerului cu Pământul pe care, atunci când o simţi, e OK, e-n regulă! Îmi vin în minte câteva exemple pentru perioada în care s-au supărat unii că, vai de mine, Ministerul, Poliţia, ar fi putut să ne ajute la împărțitul Paştelui. Ei bine, tot atunci i-am văzut pe mulţi dintre poliţişti dându-și jos vestoanele militare şi aducându-și aminte că sunt fii ai acestui popor. Au îmbrăcat combinezoane şi ne-au ajutat să dăm Paşte, n-au mai pus restricţii, n-au mai făcut zgomot, n-a mai scârţâit nimic! Noi trebuie să-nțelegem şi cum să diferenţiem, să distingem, că unii dintre noi sunt oameni ai Bisericii, funcțiile noastre publice sunt funcţii publice cu un motiv, au un raţionament solid: în spatele nostru stă Taina Botezului, care ne-a făcut să fim în funcţii publice.

Pe îngeri îi mai ţii aproape și nejignindu-ţi Botezul! La Botez, noi primim un înger pe care n-avem voie sub nicio formă să-l ruşinăm! Nici nu vreau să mă gândesc cum stau, uneori, îngerii, pe coridorul de la Parlament, o spun cu maximă responsabilitate! Cum își pun ei aripile-n cap și zic acolo: „Aoooooleu!" Sigur, se poate întâmpla asta și-n biserică, și-n școală, oriunde, în radio, în orice instituție, în definitiv, dacă vrei, dar poate cel mai fain e atunci când îi faci pe îngeri să zboare bucuroși! Să simtă, să miște într-un fel sau altul, aerul de sub cupole! Un aspect tare important: Dumnezeu iubește cupolele! Diavolul, plafoanele! Când ești sub cupolă, ești înger! Și-o simți!

M.M.: Părinte, ați citit multe cărți, ați terminat o clasă de Biochimie!

P.C.N.: De Chimie-Fizică, adică, era... „ză best"!

M.M.: De Chimie-Fizică!!!

P.C.N.: Da, da, da!

M.M.: Deci puteați să ajungeți un reputat om de știință!

P.C.N.: Nu, nu cred că aveam sorți de izbândă!

M.M.: Ați ajuns, în schimb, un smerit om de credință!

P.C.N.: Nu, un om de știință n-aș fi putut ajunge niciodată. Eu eram un papagal și atunci doar din gură mă mai salvam în jumătate din situații. Să știi că nu mă iau în derâdere când spun asta!

M.M.: Dar sunteți fan al științei!

P.C.N.: Da, sunt, citesc, cu plăcere, în continuare, cărți de știință, și am să spun și de ce! Miezul științei e Dumnezeu! Unde nu e Dumnezeu, acolo nu poate fi vorba de știință!

M.M.: De fapt, întrebarea sau constatarea pe care doream să o fac era asta: sunteți un om care are atât de mult respect pentru știință, dobândit în urma studiului intens în domeniu, om care a și studiat multă știință. Același grad de pasiune și intensitate se regăsește și în studiul la fel de aprofundat al Părinților Bisericii.

P.C.N.: Care sunt ei înșiși știință, să știi!

M.M.: Și nu sunt toți aici, în bibliotecă! Întrebarea mea, de om simplu, rareori fain, este: după ce ați citit atât de mult, cum puteți să credeți, de fapt, mai bine zis, cum putem noi să credem în ceva ce nu există, în ceva ce nu poate fi dovedit, ce nu poate fi măsurat, ce nu poate fi formulat?

P.C.N.: Să știi că formula: „Tatăl, Fiul și Duhul Sfânt" este mult mai ușor de dovedit decât $E = mc^2$. Să fim serioși, eu m-am lămurit: cei care se dau oameni de știință și Îl neagă pe Dumnezeu cred în SF-uri. Uneori, ei beneficiază de o pregătire foarte serioasă, mai cunoaștem și câteva personaje românești care ar fi pus niște întrebări despre o bară și alte chestii de genul ăsta. Știința este o chestie care te apropie de adevăr. Când știința îți dă dreptate, nu înseamnă neapărat și că e știința adevărului!

În ultimii ani, m-am apropiat foarte mult de câțiva dintre cei care susțin platforma de la

Măgurele, nişte oameni extrem de smeriţi. Când am intrat acolo şi am filmat în, cum să-i spunem, în Sediul central al Cercetării, în *Le Cerveau*, am avut sentimentul real că Dumnezeu ne iubeşte ca popor. Să ai aşa oameni deştepţi în mijlocul ţării tale e pur şi simplu o chestie de dar de la Dumnezeu.

Mă întâlnesc deseori, atunci când mai predau la Facultatea de Medicină Veterinară din Bucureşti, cu oameni care sunt specialişti în biochimie, în biologie aplicată. Îi văd nişte oameni fericiţi cu descoperirile lor, pentru că tocmai aceste descoperiri îi apropie de Dumnezeu! Să ştii, să-nţelegi de unde se nasc, de exemplu, impulsul foamei şi cel al setei, să le studiezi şi să ştii să le stăpâneşti, este o chestie de la Dumnezeu, un dar de la Dumnezeu! Uite, eu nu am înţeles niciodată de ce ne dorim foarte mult să ajungem pe Marte! Le-am scris A.S.C.O.R[14].-iştilor – anul acesta ei fac 30 de ani de A.S.C.O.R. – şi le-am zis: „Faceţi parte din generaţia în care unii vor s-ajungă pe Lună, alţii pe Marte, iar voi, în Împărăţia Cerurilor! Cred că v-aţi ales destinaţia cea bună!" Ele nu se exclud, dar insistenţa noastră de a pleca spre Marte, uneori, ne duce în moarte.

M.M.: Eu vă şi zic de ce se doreşte colonizarea planetei Marte!

P.C.N.: Dar acolo nu-i Covid sau cum?

14 A.S.C.O.R. – Asociaţia Studenţilor Creştin-Ortodocşi Români (n. ed.).

M.M.: Pentru că e *cam gata*, cel puţin asta spune Elon Musk! Cică suntem cam *pe gata* cu planeta asta.

P.C.N.: Interesant ce zice Elon Musk, dar eu zic că suntem *pe gata* din momentul în care Hristos s-a urcat pe cruce! Acolo s-a pornit ceasul mântuirii noastre. Restul sunt poveşti! Eu m-am distrat, sincer îţi spun, când i-am văzut pe marii asceţi ai ştiinţei din România cum aplaudau frenetic, ţin minte, când a ajuns sonda aia acolo, pe Marte. Vai de mine, excepţionala minte omenească! Douăzeci şi ceva de miliarde de dolari ca să ajungă o jucărie pe o planetă pe care nu vom călca niciodată? Mie mi se pare într-adevăr o chestie excepţională din punct de vedere tehnic, dar tehnica nu întotdeauna-i ştiinţă! Dacă tehnica ar fi ştiinţă tot timpul, ar trebui să-i felicităm pe cei care-au inventat câteva arme şi câteva elemente de ucidere în masă. Ştiinţă este cum să faci ca arma mortală să n-ajungă în mâna nebunilor!

M.M.: Mie mi se pare foarte periculoasă acea afirmaţie că ştiinţa este noua religie. Spunea asta şi un om pe care îl urmăresc, Naval Ravikant îl cheamă, chiar vă recomand să-l ascultaţi odată: „Este absolut greşit să consideri ştiinţa noua religie!"

P.C.N.: Păi ar da chix, dacă te gândeşti bine, eu tot râd cu ei, ne-am închinat Medicinei câţiva ani buni, nu? Aleluia, aleiuia, aleluia! Şi uite că nu de-acolo a venit răspunsul! Şi nu de-acolo va veni soluţia, cu atât mai mult! Sunt absolut convins de ce spun! Tot respectul pentru efortul lor, dar se vede clar că omul are limite! Ferească Dumnezeu când n-o să mai aibă omul limite!

M.M.: Mi-ați spus de medicină și mi-am amintit că m-a întrebat cineva chiar săptămâna trecută: „Morare, tu până la urmă, nu prea am înțeles, te-ai vaccinat, mai faci și glume la radio despre vaccin – până la urmă, tu crezi în vaccinul ăsta ori ba?" I-am răspuns: „Băi, dar unde suntem, dacă am ajuns să ne punem întrebarea dacă eu cred în vaccin sau nu cred în vaccin?" Eu pot, cel mult, să am încredere în oamenii care au dezvoltat vaccinul, ca să nu mă duc cu capul pe câmpii, asta, da, pot face. Mai am încredere în oamenii care mi-au făcut cafeaua asta, de pildă!

P.C.N.: Dacă ai să-ncepi să tremuri de la cafea, să știi că nu răspund! Da?

M.M.: A, credeam că de la vaccin! Am încredere în oameni, dar de crezut... cred în Dumnezeu! Ați văzut că oamenii, cumva, confundă încrederea cu credința!

P.C.N.: E și ușor să o faci pentru că, în mecanismul propagandei, lucrul pe care îl aplici cel mai ușor este cum să ocolești adevărul cu orice preț. Și-n ultima vreme i-am văzut pe unii că sunt mai dispuși să creadă o minciună ordinară – nu zic iarăși *linguriță versus izoletă*, că bate la ochi – decât să caute ei înșiși adevărul și să-și asume o opinie, să se poziționeze de o parte sau alta. Am descoperit și eu într-o scriitură scurtă pe Facebook, la cineva, o chestie cât o mie. Dacă sunt puşi să aleagă între complot şi ştiinţă, oamenii vor da crezare mult mai uşor complotului, pentru că nu trebuie să gândeşti prea mult, pe ăsta îl iei fix aşa cum e! Aici e greutatea preoţiei, preotul trebuie să rămână întotdeauna un bun mediator. Şi pro-complotiştii, şi pro-ştiinţiştii trebuie să se întâlnească undeva, într-un punct al disputei, să ajungă la o concluzie, oricare ar fi aceea!

M.M.: Preotul trebuie să fie un mediator pentru toată lumea, indiferent de opiniile lor personale! Al tuturor!

P.C.N.: Da. Eu am avut cel mai mare punctaj pe panou atunci când pro-vacciniştii m-au făcut anti-vaccinist şi anti-vacciniştii, pro-vaccinist! M-a durut foarte mult, am şi făcut pasul în spate şi i-am lăsat să-şi vadă de treabă în continuare. Din fericire sau din păcate, am avut dreptate a nu-ştiu-câta oară în ceea ce priveşte echilibrul de valori şi pe cel de cuvinte în România. Suntem un popor cu oameni care vorbesc prea mult şi care au uitat importanţa cuvintelor. Nu mai avem conţinuturi! Se-aruncă foarte uşor cu cuvinte!

M.M.: Fără să realizăm că, făcând asta, ne îndepărtăm din ce în ce mai mult de esenţă!

P.C.N.: Pe mine m-a durut tare că un lider politic, marcant de altfel, i-a făcut fascişti, la un moment dat, pe cei care ieşeau în stradă! E foarte greu să îi spui unui om fascist, să îl „gratulezi" cu acest termen. E un atac la adresa Holocaustului şi a memoriei celor dispăruţi acolo folosirea incorectă a cuvântului! Este imperativă şi necesară folosirea corectă a cuvântului, pentru că, epuizându-l în prostioare de pe bordură, riști ca, la următorul prilej când copiii îl vor auzi utilizat, când vor auzi despre fasciști și fascism, să creadă că-i fix termenul ăla! Să creadă că-i fascist Șeful galeriei de nu-știu-unde! Or, nu e așa, nu e voie să fie așa! Trebuie să învățăm să ne respectăm lucrurile! Am să-mi îngădui să povestesc o întâmplare care m-a marcat, dacă-mi dai voie.

M.M.: Vă rog, sigur!

P.C.N.: Uite, ne întorceam de la Praga cu un grup de copii și de tineri de la Oastea Domnului[15], fusesem acolo la Congres, unul reușit, după părerea mea. Noaptea, am hotărât să plecăm la Auschwitz; chiar pe drum, țin minte că le-am zis: „Vreau să vizităm Auschwitz-ul!" Erau anii 1997–1998, pe-acolo, pe undeva. Cred totuși că în 1997... Văzusem Italia, eram puțin mai dezghețat decât ei, dar tot copil eram în vremea aia. Când am ajuns la granița cu polonezii, nici n-am știut că ne trebuie viză. Am pus o icoană mare a Maicii Domnului din Kazan la geam și ne-a întrebat ăla: „Unde vreți să mergeți?" Și-am zis: „Auschwitz". „Vreți să vizitați Auschwitz-ul?" „Da, sunt studenții mei și vreau să vizitez." Și-a zis: „Du-te! Aveți bani de motorină?" Zic – mă tot gândeam, noi mai aveam ceva bani – „da!". A venit Șeful Controlului Pașapoartelor de la granița între Cehia și Polonia, ne-a oprit din drum în vamă și ne-a dat niște

15 Mișcare apărută în sânul Bisericii Ortodoxe Române, în anul 1923, la inițiativa preotului ardelean Iosif Trifa (n. ed.).

bani, zicând: „Luați să aveți pentru benzină!" Eu n-am făcut nicicum în mintea mea relația între Auschwitz și Oswiecim, nicicum, parcă mi-a luat Dumnezeu mințile! Dar bine mi-a făcut că mi-a luat mințile, pentru că ne-am plimbat în toată zona, aproape o noapte întreagă, și la sfârșit de tot am ajuns în fața Auschwitz-ului, unde am dormit o noapte, pentru că era prea târziu să mai putem vizita! Eu am citit toată noaptea la *Psaltire,* că era un frig de nu puteai dormi și mi-am zis că, dacă tot eram acolo, să fac și ceva pentru oameni. A doua zi, pentru că Auschwitz-ul, propriu-zis, se deschide mult mai târziu decât Birkenau, am pășit de cu zori pe poarta care era întredeschisă și-am intrat în Birkenau să vizităm. Am ajuns în zona *sonderkommando*-ului, acolo unde altădată locuiau cei care cărau cadavrele. Toată lumea din microbuzul ăla era fără cuvinte, muți ca niște pești. Și-acolo, printre paturile alea, între priciurile alea, sigur, curățate și îngrijite, în camerele alea în care sper ca măcar materia să fi uitat ce s-a-ntâmplat, ne-am apucat să cântăm. Una dintre fetele de acolo, astăzi soția editorului meu și prietenului meu, Romeo Petrașciuc, Elena, s-a apucat să cânte *La râul Vavilonului.* O cântare de la oaste scrisă de fratele Traian după *Psalmi*, excepțional de frumos cântată. În timp ce noi cântam și ne rugam, a venit un grup de evrei, despre care am aflat ulterior că erau din Tel Aviv, niște „perciunați", cum le spun unii cu lipsă de măsură, pentru că oamenii prin asta-și mărturisesc o foarte mare relație cu Dumnezeu, o foarte mare apropiere de

Dumnezeu! Şi-au stat şi ne-au privit, n-au mişcat, mă gândeam: „Acum să vezi ce ne-auzim!". Când colo, au venit către noi plângând! Unul dintre ei vorbind româneşte...

M.M.: La cântarea ortodocşilor veniseră ei.

P.C.N.: La cântarea ortodocşilor. Unul dintre ei, pe româneşte, a venit la mine: „Vino să te-mbrăţişez, Părinte, n-am crezut vreodată, ca Rabin, c-am să spun asta, dar este o mare onoare să fac parte din poporul român!" El era rabin la Tel Aviv în vremea aia. Și după aceea, în grup, ne-am dus de-acolo şi ne-am închinat acolo unde se păstrează, pe nişte pietre tombale, în limba română, în toate limbile celor care au suferit acolo, numele celor dispăruţi. E foarte important de menţionat că-i şi limba română acolo, da? Ne-am dus şi-am mai cântat un pic împreună. Ne-a unit ceva! Moartea celor dinainte nu-i făcută să ne dezmembreze ca popoare, e făcută să ne-asumăm ca popoare. Cine uită Holocaustul este vrednic de moarte! Asta e părerea mea personală. Și nu numai acest Holocaust, ci şi altele! Când m-am întors la maşină cu copiii ăştia ai noştri, Rabinul ne aştepta cu un dar din partea lor. Ştiau că noi eram pe final cu mâncarea, cu benzina, cu toate cele trebuincioase pentru continuarea drumului! Au ţinut să ne ajute. Vorba unuia dintre băieţi: „Părinte, a zburat maşina spre casă cu ajutorul oamenilor ăstora!". Deci, gestul lor era de fraternitate, n-avea nicio legătură cu apartenenţa religioasă... De ce nu-nţelegem noi să trăim în unitatea asta, a întrajutorării? Ah, ce minunat ar fi!

M.M.: Nu-i frumoasă încrederea în oameni?

P.C.N.: Da, dar s-o ai cu măsură și cu oarecare parcimonie. Numai oamenii demni au încredere în oameni demni! Nedemnii nu vor avea niciodată încredere, tot timpul vor specula, vor crede că se-ntâmplă ceva, că e-acolo ceva ascuns. În perioada începuturilor vaccinării, era un tip care lansase pe un site un comentariu la adresa mea, cum că aş face parte dintr-o Biserică secretă, cu tot felul de implicaţii. Domne, cât de bolnav trebuie să fii pentru asta? Şi cine-ţi dă dreptul, în boala ta, să umpli lumea cu minciunile tale?

M.M.: Acuma, eu în micimea mea, spun aşa: „Eu nu pot să cred în știință, dar pot să am încredere în ştiinţă, pentru că ştiinţa este făcută de oameni. De crezut, cred în Dumnezeu, iar încrederea, credinţa în Dumnezeu, îmi întăreşte încrederea în oameni, în ştiinţă!"

P.C.N.: E aşa un *dar*... aşa un dar! Mihai, tu te-ai gândit vreodată ce dar mare este descoperirea genomului uman? Când am mers prima dată cu copiii mei în vizită la colegiul unde-a fost descoperit genomul, acesta era desenat pe jos, chiar la intrarea pe poartă. M-am gândit de atâtea ori, în algocalminul ăla care ne drege de dureri de măsele, îţi dai seama câtă ştiinţă e, câtă dragoste pentru noi? Eu am fost întotdeauna marcat de vieţile oamenilor de ştiinţă, care au fost nişte apostoli săraci. Fiţoşii ăştia care cheltuiesc miliarde pe medicamente pentru tot felul de prostii n-au nicio legătură cu frumuseţea oamenilor de altădată. Gândeşte-te cum a trăit Pascal.

M.M.: În momentele în care am stat, în câteva rânduri, în preajma lui Leon Dănăilă, mi s-a părut că stau lângă un călugăr din Athos!

P.C.N.: Păi da! Pentru că, fără ascetism, nu există ştiinţă! Ştiinţa este o foarte bună şcoală de ascetism, adică trebuie să-ţi tai voia de la rădăcini. Deci, când ceilalţi sunt la bere, tu trebuie să stai cu ochii-n microscop. Când ăia se uită la un meci de-ăsta, trucat de cele mai multe ori și mizer din cauza vreunui arbitru care a uitat unde-i fluierul, tu trebuie să stai acolo, să faci faţă! Mie nu mi s-ar potrivi aşa ceva niciodată, nici nu s-ar pune problema! Nimeni în România, dar nimeni, n-a vorbit despre efortul medicilor de laborator din România din ultimul an. Au muncit oamenii ăia de şi-au pierdut vederea şi tu vii şi-ncepi să-mi faci teoria chibritului? Nici nu mai ştii să scrii CH3COH, ştii?

M.M.: Şi Leon Dănăilă îmi spunea, acum nişte ani – el operând un stadion de fotbal, pe creier –, că, de fapt, prin mâinile lui, lucrează Dumnezeu!

P.C.N.: Eu chiar cred asta! Pentru mine, neurologia a fost aşa, un subiect sensibil, un domeniu în care mi-aş fi dorit să profesez! Am, printre prietenii mei, nişte neurologi de mare calitate, l-am avut şi pe domnul profesor Bejenariu,

Dumnezeu să-l odihnească! Mi s-a descoperit un continent cu totul şi cu totul special! În faţa a tot ceea ce înseamnă crize epileptice, în ceea ce înseamnă boli neurologice, să ştii că simt enorm de multă lecţie dată de Dumnezeu lumii!

M.M.: Sunt oamenii de ştiinţă nişte interpreţi ai lui Dumnezeu, nişte traducători ai lecţiilor Lui?

P.C.N.: Omul de ştiinţă descoperă aceste lecţii şi ni le propovăduieşte! El nu poate spune ceva ce nu este. Dacă spune ceva ce nu este, minte, nu mai e om de ştiinţă! Există o carte celebră, în italiană, „Finalul pseudoştiinţelor", despre lucruri care păreau la un moment dat aşa, facile, făcute să ştie toată lumea despre ele. Am avut odată o discuţie cu un medic – un cardiolog cunoscut şi Ministru al Sănătăţii pentru o foarte scurtă perioadă –, care ne-a explicat cum a făcut operaţia, cum i-a îngheţat fetiţei tumora, ce-a făcut, cum a lucrat. La un moment dat, cineva din sală a întrebat: „Domnule doctor, nu puteţi să ne explicaţi, aşa, mai pe limbajul nostru?" – mai al „proştilor", ca să nu zic altfel. Domnul doctor a replicat: „Îmi pare rău, dar medicina nu e pentru oamenii care nu-i pricep limba!" Foarte finuţ a zis. Adică există profesii pentru care îţi trebuie un maximum de exigenţă în ceea ce faci, ca-n preoţie! În preoţie, trebuie să fii exigent, nu poţi să spui, nu poţi să fii sincretist în valori, acolo alba-i albă, neagra-i neagră! Ce ne zice Mântuitorul? E tare simplu: ce este da e *da*, ce este nu e *nu*! Punct. Restul? Nu e de la Dumnezeu!

M.M.: Cum ne putem întări întâi încrederea în oameni, cum ne putem întări credința? Pentru că eu cred că suntem într-o perioadă în care lumea e-ntr-o gravă suferință și fiindcă s-au dărâmat temeliile acestea, ale încrederii.

P.C.N.: Cred că primul exercițiu pe care trebuie să-l facem e cel de răbdare! E cel de răbdare, da. Să avem răbdare, cu noi, cu cei de lângă noi! Are Părintele Zaharia Zaharou un titlu la o carte, un citat din Sfântul Apostol Pavel: *Lărgiți și voi inimile voastre!* Că trebuie lărgite inimile, e musai să facem mai întâi asta, suntem prea fițoși în creștinismul nostru! Prea credem că noi le știm pe toate, că la noi e adevărul absolut. Da, dar este și pe raft la alții, adică, trebuie să înțelegem, nu avem o farmacie de adevăruri: „Bună dimineața, vă rog, 200 de grame de credință și 5 de nădejde!", n-avem de unde lua. Îmi pare rău, dar așa cum n-avem piese de schimb în viață decât dinții, tot așa n-avem nici elemente de schimb spiritual. Eu am rămas foarte impresionat de modul în care oamenii se pot schimba în viață! Acum, trebuie să spun și că aia cu „dă-i prostului puterea, ca să vezi ce-i poate pielea" e perfect valabilă, dar în aceeași vreme, am văzut și reversul situației. Am văzut ce înseamnă să-i dai omului de caracter puterea și, când pielea lui rezistă la mârșăviile din jur, caracterul lui să primeze și să-ți dovedească că poate duce o cruce în numele comunității, că poate spori din ea valori care devin cu adevărat importante. Eu cred în oamenii care au curaj să ridice crucea. Ca David în fața lui Goliat. Puștiul ăla a avut curaj să ia praştia şi să-l lovească pe Goliat. Atât trebuie, doar puţin curaj. Chiar dacă pare inegal ce se-ntâmplă cu noi, moartea-i mult mai cotropitoare!

M.M.: Dar pentru curaj îţi trebuie o inimă mare şi pentru o inimă mare trebuie să-ţi lărgeşti inima... mică! Care-i strâmtă de cele mai multe ori!

P.C.N.: Ştii cum e, în spatele micimii noastre, noi avem un Dumnezeu foarte mare! Noi nu conştientizăm, nu-nţelegem, că-n spatele nostru se află un Dumnezeu mare care ne ţine spatele!

M.M.: Uşor de zis, cam greu de făcut: aveţi un program de-ăsta de antrenament pentru *lărgirea inimii*?

P.C.N.: Păi, am cel mai simplu şi uşor de dus la bun sfârşit antrenament. Tot ce avem de făcut este să rostim, cu implicare şi smerenie: *Doamne, Iisuse Christoase, miluieşte-mă pe mine, păcătosul!* – acesta este tempoul de luptă. În timpul postului se aude: „Miluieşte-mă, Dumnezeule, miluieşte-mă!" Nu? Cântarea de la canonul Sfântului Andrei Criteanul. Există astfel de atriţii şi contriţii pastorale. Dacă vrei, *A.T.I-ul Bisericii* a funcţionat în parametri normali în toată perioada aceasta de restrişte. Eu, când îi aud pe la televizor, că-n „A.T.I. avem 1 470 de oameni", stau şi mă gândesc: da, pe de o parte, ei sunt acolo, dar să nu uităm că avem alte zeci de mii de oameni în celălalt A.T.I., cel spiritual. Nimeni nu ştie, sau poate ştie, presupune, poate bănui. Oamenii adevăraţi bănuiesc cât de greu a fost să faci să bată inima oamenilor din jur în perioada asta grea. Foarte grea. Să continui să mergi pe stradă cu punga de împărtăşanie şi să ai curaj să le spui oamenilor: „Sunt aici, nu vă temeţi, în numele lui Iisus Hristos, vă spun că sunt aici! Îl avem cu noi, e de partea noastră!"

M.M.: Ce v-a rămas în memorie din periplul dumneavoastră din timpul pandemiei?

P.C.N.: M-a impresionat foarte tare că, la un moment dat, intram în câte-o casă în care la etajul unu era ortodox, la etajul doi, catolic, la etajul trei, greco-catolic. Dar Hristos era unul, pentru toată lumea! Şi i-am mai văzut pe credincioşi cum vin, şi cum stau, şi cum ascultă! Trebuie să învăţăm să-L vestim pe Hristos! Restu-i doar pierdere de timp!

M.M.: Mai aveţi şi alte exerciţii în afară de cel prezentat mai devreme, cea mai scurtă rugăciune?

P.C.N.: Ar mai fi câteva... ar mai fi câteva, sigur. Să zâmbeşti când unii te-njură!

M.M.: Asta ce e, titlu de carte, nu?

P.C.N.: Da, da, este, cum se cheamă, un soi de operaţie estetică. Menţinerea estetică a zâmbetului! Să reuşeşti să dai o mână de ajutor celui care pare că e părăsit de toţi. E interesantă experienţa pe care am avut-o în penitenciarele din ţară, ca să nu le zic puşcării, că nu dă bine! Oamenii ăia au ascultat predicile cu toată fiinţa lor, era extraordinar ce se întâmplă acolo, între zidurile groase. Noi nu îi iubim, mai degrabă noi îi ascundem! Deci ceea ce fac acolo comandantul penitenciarului, pedagogul, psihologul, medicul, psihiatrul, preotul este să le facă cumva mai suportabilă ascunderea lor în fața lumii. Știi că nu suntem vrednici de vremurile frumoase pe care le trăim? Or, luciditatea asta, e tot un exercițiu de neurologie, de *refresh* neurologic. Din nefericire, Îi acordăm lui Dumnezeu rămășițele zilei. Dacă I-am da lui Hristos ce este important din zi – miezul zilei, viața noastră privită ca un miez de zi, și nu ca un apus, așa, rictusat de răutate...

M.M.: Adică spuneți că, de fapt, El nu mai face parte din rutina unei zile. E la categoria „dacă mai am timp", sau „dac-am o problemă"... sau „dac-am o durere"?

P.C.N.: Ți-aduci aminte cum se salutau oamenii prin Baia Mare când eram noi mici? Sau prin Maramureș?

M.M.: Doamne ajută! Sau... Laudă-L pe Iisus!

P.C.N.: În veci, Amin! Sigur că este un reflex catolic, cum au zis unii! Eu zic că nu-i chiar așa! „Laudă Domnului, în veci, Amin!" însemna, de fapt, că ne rugăm împreună. Țin minte și-acuma, când mergeam după pită, treceam pe lângă un șir lung de locomotive, lăsate acolo, în apropiere de gară. Mirosea a pâine, de te trăsnea, era ca o manutanță[16], și-i vedeam pe oamenii care veneau la coadă cu aceeași nevoie de pâine cu care veneau toți ceilalți care nu mai apucau pâine. Și, realmente – iar asta am trăit-o eu –, văzându-l pe coconul de la oraș, tanti ceea și nenea celălalt scoteau din desaga lor și ziceau: „Ia și du-te să ai pâine și acasă!" Astea nu se dau prin lege, Mihai, nu există lege care să ne facă să ne iubim! Poți să dai câte decrete vrei, oricâte hotărâri de Consiliu Național al nu-știu-cui, n-are nicio treabă, n-are! Iubirea nu încape în lege! Ea e exercițiul cel mai bun de supraviețuire! Nu poți să zici: „De mâine dimineață, începând cu ora 8, nu mai înjură nimeni în România!" Ar fi fain dacă s-ar putea, dar nu merge, că prin dicteu nu naști oameni, ci doar rateuri!

M.M.: Ați spus cum se salutau oamenii. Jumătate din vacanțele de vară, din copilărie, le-am făcut în Apuseni, de unde-i tata! Și-n Apuseni lumea se salută cu „Doamne-ajută!".

P.C.N.: Mama mea e moțo-maramureșeană!

M.M.: Moț și maramureșean! În Maramureș, lumea se salută, într-adevăr, cu „Lăudat fie Iisus!".

P.C.N.: „Lăudat fie Iisus!" Sau „Laudă Domnului!" Știi, că aia era cealaltă urare.

---

16 Subunitate din cadrul armatei care se ocupă cu depozitarea cerealelor panificabile și care este dotată cu instalațiile și utilajul necesar fabricării pâinii pentru militari (cf. dexonline.ro) (n. ed.).

M.M.: ... sau „Laudă Domnului!”

P.C.N.: Da, da, da...

M.M.: Revenim şi poate de data asta chiar reuşim să intrăm în subiectul ăsta: cât de puternice sunt cuvintele! Pentru mine, acest „Doamne-ajută!”, de fiecare dată când îl pronunţ, nu ştiu, e conectarea aia la toată copilăria mea, la tot ce-nsemn eu...

P.C.N.: Mută munţii, mută munţii!

M.M.: Iar eu, când spun „Doamne-ajută!”, simt că trimit energia lui „Doamne-ajută!” omului din faţa mea. Şi energia aia mi se-ntoarce şi mie! Mi-e bine!

P.C.N.: Acuma înţelegi şi ce-nseamnă când iese preotul şi zice: „Pace tuturor!”. Şi zice: „Pace tuturor!”, şi nu: „Pace ălora care au postit, pace ălora care nu, care n-au... vai de mine! Ăia care au băut deja cafeluţa, ia ieşiţi voi de-acolo, că n-aveţi ce căuta!”. Observi? Nu e un segregaţionism liturgic, ci e pace tuturor!

M.M.: Vreau să vorbim puţin despre puterea asta a cuvintelor, dumneavoastră sunteţi un om... de cuvânt!

P.C.N.: Sper, din toată inima!

M.M.: Prin asta schimbaţi lumea! Cât de important este să spunem cuvintele potrivite? Vă dau un singur exemplu şi e unul pe care îl împrumut din domeniul neuroştiinţei. Creierul copilului e în dezvoltare în primii ani. Copilul cade

Ne plângem de carantine
și de Covid. Cultivăm uri
indecente. Suntem neatenți
unii la alții. Și am devenit
mai avizi ca oricând de bârfă.
Speram, efectiv speram, ca
momentul-rană de la Colectiv
să ne facă să vedem altfel
viețile noastre.

Părintele Constantin Necula

şi există două variante: există părintele care vine şi-i spune: „Vezi ce ţi s-a-ntâmplat dacă nu m-ai ascultat? Data viitoare să nu mai faci!". În sufletul şi în creierul copilului se instalează, invariabil, frica.

Sau mai există a doua variantă de părinte, acel părinte care vine şi spune, atunci când copilul cade, „Hai, ridică-te, încet! O să mai cazi! Dar, de fapt, noi cădem doar ca să ne ridicăm! Oricum, dacă mai cazi, eu sunt aici, ca să te ţin de mână, să te ridic!" Părintele ăsta instalează, sădeşte în sufletul copilului... dragostea şi încrederea în sine!

P.C.N.: Dacă-i mai oblojeşte şi rănile, copilul va şti întotdeauna că, oricât de mare ar fi durerea, există o mână care-l vindecă!

M.M.: Și neuroștiința, vorbește, de fapt, despre toate experienţele astea din primii ani de viaţă ca fiind cele care vor rămâne cu noi pe tot parcursul vieţii, determinând și influenţând o bună parte din aceasta. Primează două concepte, două noţiuni: frica sau dragostea – că tot vorbeam de cuvinte!

P.C.N.: Eu cred că neuroştiinţele nu fac decât să descopere sau să reafirme ceea ce au spus de la început Părinţii Bisericii, că omu-i fiinţă educabilă, că, oricât de mare ar fi căderea, vorba Părintelui Stăniloaie, când cazi, trebuie să cazi cu faţa-n sus! Asta-i regula, tare simplă, dacă pici cu faţa-n sus, eşti salvat! Am găsit la Sfântul Marcu, Ascetul, şi la Sfântul Ioan Scărarul o expresie aproape asemănătoare. Sfântul Ioan Scărarul chiar spune la un moment dat, în *Cuvântul 4* sau *5*, că „oricât de mare-ar fi căderile, trebuie să nădăjduim întotdeauna că ne ridicăm!" – adică e musai ca nădejdea să fie mai mare decât căderea! Ăsta-i un aspect. Forța aceasta a cuvintelor vine de la Dumnezeu, adică este darul lui Dumnezeu, fără niciun dubiu.

Un exemplu l-am descoperit în viața Părintelui Ioan Iovan, cel care a trăit lângă Târgu Mureș, el fiind duhovnicul maicilor de la Vladimirești. Părintele e luat odată și dus la Jilava ca să fie reanchetat, după o perioadă lungă, când aproape se dezobișnuise de bătaie, cum zice el. Este lovit foarte tare. Trebuia să fie reîncarcerat la Gherla și acolo i se „oferă privilegiul" de a alege niște cătușe. Culmea e că a ales niște cătușe americane, nu din cele rusești, care aveau o hibă: când trăgeai de ele, se scurtau! Știi? Și se strângeau în jurul mâinilor. Părintele, din nefericire, a căzut de câteva ori, în urma bătăilor primite. Gardianul a dat în el cu o sete, îți dai seama de când nu mai prinsese pe el cineva să-l bată, că se instalase un pic frica în rândul lor după Fenomenul Pitești, Țurcanu murise împușcat la Jilava, și deja erau reticenți în a mai lovi deținuții. Dar ăsta, când a prins, a dat de-a rupt! Toți se-așteptau ca Părintele să reacționeze urât și să-i zică: „Băi, te dau pe mâna superiorilor, te raportez la Comandanță!" Că putea, nu de alta. În vremea aia, începuse deja să se poată! Părintele s-a ridicat în picioare, lovit cum era, vai de el, cu noroi, cu cătușe la mână, și a zis: „Iar eu, nevrednicul, preot, cu puterea ce-mi este dată, te iert și te dezleg de toate păcatele tale!" Uite! Asta-i forța cuvintelor! De ce crezi că le este așa de frică de Biserică, Mihai, câteodată? Societatea nu iartă! Statul? Nu iartă niciodată! Uneori, intri în pușcărie de zece ori pentru aceeași greșeală comisă și au grijă să te țină acolo mult! Pe când Biserica-ți zice: „Iar eu, nevrednicul, preot și duhovnic... te iert și te dezleg de toate păcatele tale!" Chiar prăpăditul ăla de popă, ăla înjuratul, ăla călcatul în picioare, ăla aruncatul în zeama de varză a tuturor condițiilor ăstora politice. Cel mai mare arhistrateg geopolitic al României este preotul!

M.M.: Dar cum să facem să fim mai atenți la cuvinte? Să înțelegem că fiecare cuvânt pe care-l rostim, pe care-l scriem, poartă o energie?

P.C.N.: Să le-nvățăm...

M.M.: Energia care e transmisă de la mine la tine?

P.C.N.: Să le-nvățăm fix așa cum se cade a fi învățate. Pe mine m-a salvat Tudor Gheorghe, trebuie să spun asta! Nimeni nu mă crede, vor zice că bat câmpii. Însă eu, când îl ascultam pe Tudor Gheorghe cântând poezii ori pe Adrian Păunescu rostindu-le, parcă eram purtat în altă dimensiune. Una curată, platonică! Bine, nu doar poeziile și cântecele lor, ci întreg Cenaclul Flacăra, că eu și generația din care fac parte suntem școliți așa, na, mai retrograd. Ce să facem acum, dacă n-aveam alte opțiuni?

M.M.: Talent-show-uri?

P.C.N.: N-aveam BBC-ul în vremea aceea și alte documentare de la National Geographic la dispoziția noastră, la orice oră din zi și din noapte. Mi-aduc aminte și-acum, am învățat un poem al lui Nicolae Labiș, care nu se-nvăța în școală, „Albatrosul ucis": „Când dinspre țărm, spre mare,/ Se risipise vântul/ Și-n catifeaua nopții..." Acum când ți-l zic, parcă îl și aud pe Tudor Gheorghe cântând. Ăsta este un alt moment când am înțeles că forța cuvântului rezidă în împingerea adevărului dincolo de limita vâscoasă pe care o impune minciuna din jur. Eu nu judec acum oamenii, de multă vreme mi-am scos din minte judecata oamenilor, cred că asta m-a salvat.

M.M.: De unde mai vine puterea extraordinară a cuvântului rostit?

P.C.N.: Forța cuvântului mai vine și din puterea de a nu-i judeca pe oameni, vine din tăria de caracter de a le spune: „Chiar dacă tu crezi că eu te judec, eu ți-o spun numai cu dragoste, în speranța că o să te îndrepți! Dacă n-o faci, e deja problema ta!" Karma, karma, neh? Când a apărut prima dată cartea cu Shogun, noi toți, la școală, vorbeam numai cu „karma, karma, neh?". Adică karma-i karma, dar ție îți revine povara de a o schimba. Că nu există o predestinare în acest sens, cel puțin nu una ortodoxă. Și nici aici, în cărțile astea din bibliotecă, la oamenii ăștia mulți, mulți, nu există predestinarea, este mai degrabă o invenție ori un pretext ca să fii laș. Noi suntem împreună – lucrători cu Dumnezeu la tainele Împărăției lui Dumnezeu. Asta a fost cea mai mare descoperire pe care am avut-o și am simțit-o foarte intens când, murind tata și strangulându-se oarecum intrarea în cimitirul din Sfântul Niculae, am rămas acolo singurul preot care l-a însoțit pe tata la groapă. Acolo am deschis *Molitfelnicul* și am rostit rugăciunile de iertare, oricât de nefiresc ar fi fost, pentru că nu se cade ca tu, fiu, să-ți ierți tatăl. N-ai voie, e de neconceput să crezi că ți-a greșit vreodată un tată! Dar atunci mi-am dat seama ce-mi spunea tata, am avut un fel de revelație. Imediat după hirotonie, tata nu mi-a mai spus niciodată Costeluș. Cu toate că mi-era și mie dor să-mi mai zică câteodată așa...

M.M.: V-a zis Părinte, nu?

P.C.N.: Da, Părinte, tot timpul îmi spunea Părinte! Chiar și fiului meu, care era micuț pe atuncea, îi zicea „hai, Părințele, hai!”. Era mic Costel atunci, era puiuț, și așa i se adresa: „Părințele!”. Acum, mi se pare atât de firesc ca omul să vadă-n tine ceea ce vei fi! Eu le spun studenților un cuvânt din Aristotel: „Cine se pregătește este deja!” Cine vrea să păstreze puterea cuvintelor trebuie să se crească și să se pregătească pentru asta. Uite, îți dau un exemplu, care, la prima vedere, e-o nimica toată! Domnițele astea care vorbesc ca ginecologul, când bodogănesc ele pe stradă. Ele se vor a fi și mame la un moment dat în viață. Dacă tu ți-ai spurcat gura cu cuvinte proaste, cum te va crede copilul tău când tu ai să-l legeni noaptea, în prima noapte cu febră, și-o să-i zici: „Nu te teme, e mama lângă tine! Uite, mama este lângă tine și are forța să te vindece!"? Crezi că o va crede copilul ăla? Nu! Pentru că mama lui a pierdut valoarea cuvintelor! Unde mai pui țâțismul ăsta parlamentaresc, cum să-i mai cred eu când zic acolo: „Jur credință patriei mele"? Când ei au făcut din patrie o parcare pentru interese personale? Cum aș putea crede asta? Se poartă asemeni unor țațe cu ifose jumătate din ăștia mulți pe care-i aud vorbind despre țară. Iar ei nu știu anii de domnie ai lui Mihai Viteazu! A, bine, asta nu se-nvață nicăieri la școală, nu-i nicio problemă, așa că n-am curaj să-i întreb nimic!

M.M.: Dar când cuvântul sau cuvântarea devine binecuvântare?

P.C.N.: Când reușești să taci și să se-mplinească-n inima ta ceea ce ai spus. Știi ce-i vine cel mai greu unui predicator? Să se acordeze cu predica lui! E o pildă care mie, pfuuu, îmi instalează o stare de frică tot timpul când îmi amintesc de ea! Se spune că era odată un predicator foarte bun, predica absolut remarcabil, însă ca om era o lepră! Și oamenii i-au zis: „Părinte, ori te urci la amvon și nu te mai dai niciodată jos de-acolo, ori nu te mai urca la amvon, că nu te mai credem!" Asta-i greutatea trăirii cuvintelor pe care le ai de îndeplinit! De aici vine și greutatea preoției! Îmi vine și mie câteodată să bodogănesc, că de-aia nu mă mai uit la fotbal, că sigur mă mai scapă gura! Și încerc să egalez cât pot de mult ceea ce spun cu ceea ce cred și, mai ales, cu ceea ce simt. Și-am mai învățat un lucru. Bunica, moroșanca me, mi-o zis numai atât: „Băi, cocon, să fii sincer! Să nu iei de pe săraci şi să fii sincer! Să ai curaj, când nu crezi, să zici «domne, nu cred!»" Ţii minte? „Cred, Doamne, ajută necredinţei mele!" Una dintre cărţile mele de predici aşa se cheamă: *Iubesc, Doamne, ajută neiubirii mele!* Din păcate, în calitatea aceasta efemeră de oameni, cred că suntem limitaţi şi nu putem fi perfecţi. Nu suntem curent de 24 000 de volţi în permanenţă. Suntem, uneori, doar o prăpădită de baterie Duracell care se şi mai topeşte câteodată! E crucial să ai conştiinţa că, dincolo de fiecare încercare, e acolo, spatele ăla tare, susţinerea permanentă care e Dumnezeu! Cu Dumnezeu trec şi zidul, zice psalmistul! Nu-l ocolesc, nu-l dărâm, trec zidul!

M.M.: Deci, binecuvântarea de multe ori nu e-n cuvânt...

P.C.N.: Nu e!

M.M.: E-n tăcere!

P.C.N.: Sigur da! Lumea zice că vorbesc mult... dar nimeni nu ştie cât tac! Asta ţi-o zic doar ţie, în exclusivitate, sper să n-o mai audă nimeni!

M.M.: Adică eu, dacă acum vin şi pun o întrebare proastă, dumneavoastră, în loc să mă certaţi, tăceţi! Şi asta este o binecuvântare?

P.C.N.: Una, că suntem într-un scenariu imposibil, întrebările nu pot fi bune sau proaste. Întrebările sunt doar întrebări și atât. Răspunsurile, în schimb, pot fi proaste. Dar întrebările, niciodată, nu! Și-n al doilea rând, tăcerea unui profesor nu înseamnă neapărat că-și amendează studenții. De exemplu, eu îi admir foarte mult pe studenții noștri de la Teologie, pentru tot ce-au făcut anul ăsta. Îi admir, efectiv! Au fost prezenți, ne-am simțit, ne-am văzut unii pe alții.

M.M.: On-line?

P.C.N.: Da! A fost și-un moment în care au venit în practică o parte dintre ei. Aș fi filmat asta doar pentru eternitate, știi? Înaintea lui Dumnezeu, copiii ăștia au dovedit ce-nseamnă să-ți iubești colegii! S-au strâns, au stat la distanță, au fost respectate toate prevederile legale în contextul pandemic. Dar la Liturghie, când au început să cânte, vocile alea care se uneau în „Doamne, miluiește" arătau că nu există distanțare socială! În „Doamne, miluiește" nu poate exista vreodată distanțare socială. Poți să cânți cum vrei, indiferent de distanță – unul cântă într-un capăt de catedrală și altul în celălalt. Atunci când zici „Doamne, miluiește!", ești într-un singur punct! Pentru mine aceasta a fost lecția cea mai frumoasă din pandemie. Și să-ți spun, Mihai, încă ceva! N-am crezut niciodată că oameni care nu dădeau doi bani pe Biserică înainte de pandemie vor spune vreodată: „Sărut mâna, Părinte!" Mă-ntâlnesc cu confrați catolici, greco-catolici, cu unitarieni, baptiști, penticostali, de orice fel de nuanță, și știm că suntem una! Că *Evanghelia* aia ne-a învățat, de data asta, chiar ne-a pus la punct. Mă-ntâlnesc des cu colegi și concetățeni de limbă maghiară, germană, am făcut emisiuni cu un prieten foarte bun care este evreu de la Iași!

M.M.: Povestiți-mi, vă rog frumos, ce vi s-a-ntâmplat de 1 Decembrie, la Odorhei! Trebuie să amintim neapărat de evenimentele acelea! 1 Decembrie era, nu?

P.C.N.: Da, 1 Decembrie, în benzinărie, doamna de-acolo care... trebuie să menționez, înainte de toate, că eram mascați 100%, și eu, și ea! La Odorheiu Secuiesc, când am intrat în oraș, se întâmpla tot. Și-mi zice doamna: „Perinte dragă, sunteți Perintele de la TVR, de la *Zi de zi?*" „Da", îi răspund! „Aaaa, să vă dea Dumnezeu sănătate", zice, „cât de mult vă apreciază mama mea, care-i unguroaică!" Da, e și ăsta un fel de-a fi.

Cum a fost odată, îmi amintesc, imediat după momentele cu Ora de Religie, undeva la Târgu Secuiesc, într-o benzinărie, mă oprește doamna de la casă acolo și zice: „Nu vă supărați, sunteți Părintele care-a fost la televizor, miercuri, la Ora de Religie?". „Da", zic. „Să vă dea Dumnezeu sănătate, că și pe copiii noștri maghiari, catolici, i-ați apărat acolo!" Eu nu-mi apăr doar Ortodoxia, le-am mai spus-o de mii de ori, eu apăr însuși viitorul țării ăsteia, în care încăpem cu toții, suficient de mult! Ca cetățeni români, maghiari, germani, de limbă română, de limbă maghiară, de limbă germană, evrei, armeni, lipoveni, rromi. Cred că avem obligația să stăm în unitate pentru că e vremea cernerii!

M.M.: Ați spus, într-o conferință, la un moment dat, că, în vremurile astea, ar trebui să-nțelegem că surzii nu trebuie să stea cu surzii, orbii cu orbii, muții cu muții, ciungii cu ciungii! Și că ar trebui să-i îmbrățișăm pe toți!

P.C.N.: Să-i interconectăm! Da, cred că a trecut vremea fițelor de cartier! O țară nu se conduce ca o stradă! Știi povestea aia cu președinții de bloc? Când a murit Fidel Castro, vorbeau doi președinți de bloc: „Of, ce greu este de noi, președinții!" Responsabilitatea noastră e foarte mare! Tu, Mihai, ai o responsabilitate uriașă, eu, la rându-mi, am o responsabilitate uriașă, sunt perfect conștient de ea, o simt pe umerii mei, o simt în oasele mele, o simt în sufletul meu, dar, ce e mai important, o simt și-n Dumnezeu, care rezonează la ceea ce facem! Suntem ofițerii din linia-ntâi! Hristos ne spune: „Români, vă ordon, treceți pandemia!" Iar dacă n-o facem, e problema noastră!

M.M.: Ce rol trebuie să aibă Religia în lumea asta, să nu-i spunem nouă, ci care se schimbă în reguli cu o viteză foarte mare?

P.C.N.: Acum, e bine de precizat „religo, religare", înseamnă a fi în legătură cu ceva, cu cineva...

M.M.: Ce fain!

P.C.N.: Da, de aici pleacă termenul! Cine mai știe, de exemplu, de sensul original al cuvântului „dogma"? Mulți îl iau în derâdere, că-i auzi toată ziua: „Dogma? Dogma Bisericii". Să ne-nțelegem, dogma-i „Dogma, dogmata, dokeo" – părere, opinie. Dacă n-ai opinii, nu exiști!

M.M.: Deci, dogma nu-i un baros, o unealtă de represiune!

P.C.N.: Aaa, nu, sub nicio formă! Nu-i rangă! Nu-i ranga de fier cu care ne-au învățat că nu suntem democrați dacă nu zicem ca ei!

M.M.: Mamă, ce deștept o să plec de-aici! Se vede c-am fost la bibliotecă!

P.C.N.: Te-atacă acarienii, ai mare grijă! În definitiv, a fi în legătură cu cineva înseamnă că ai capacitatea de a comunica, de a *comunia* – termenul ăsta, recunosc, îmi place mai mult. A comunia înseamnă a *comunica* și a te *cumineca*, știi cum zic italienii, *stessa cosa!* Același lucru! Și cred că asta te face să fii viu. Un om care nu-i în interconectare cu nimeni e tare trist. A, sigur, excepția poate fi monahul din pustia Nilului, dar acela e-n conectare directă cu tot sistemul de sateliți artificiali ai lui Dumnezeu, care sunt sfinții și împărăția lui Dumnezeu, nu? Dar tu, pe pământ, „cum vei spune că-L iubești pe Dumnezeu pe care nu-L vezi, dacă pe aproapele tău, pe care care-l vezi, nu-l iubești?”. Iubirea asta face, are o funcție de interconectare. Nu, nu firmele de telefonie ne interconectează, ci cuvintele pe care le rostim! În momentul în care un om este lipsit de religiozitate, își afectează propria-i umanitate!

M.M.: Și încă o dată! *Religo, religare...* înseamnă a fi în legătură cu cineva.

P.C.N.: *Religo, religare...* a fi în legătură cu cineva. Dar scrie asta pe prima pagină a Manualului de Dogmatică!

M.M.: Deci, internet, practic!

P.C.N.: Da, da!

M.M.: *Network*! Religia e *network*!

P.C.N.: Da, *network!*

M.M.: Religia e *network*, ce joc de cuvinte!

P.C.N.: E *network*! Dar spune-mi, când un *network* încetează să mai fie *network*? Când îi lipsește *net*-ul sau *work*-ul?

M.M.: Bună întrebare!

P.C.N.: Ai înțeles? Când lipsește munca noastră de a sta împreună suntem în afara spațiilor! Îți dau un exemplu. E ceva ce n-am știut, până anul ăsta, când am citit mai atent *Scriptura* și niște cărți frumoase despre Tiberiada – dacă vrei, odată, îți propun să mergem să facem turul Tiberiadei pe la Decapolis, să vezi ce minunăție! Ți-ai pus vreodată întrebarea de ce Hristos își alege ucenici pescari? A fost pentru mine una dintre marile dileme. Prima la mână, pentru că privegheau! Toată noaptea mergeau la pescuit și stăteau în larg! Era clar că erau bărbați care înfruntau furtuna! Adică erau bărbați adevărați, nu de-ăștia cu: „Vai, bate vântul! Părul meu de pe piept, epilat acum o săptămână!" Deci nu mergea cu așa ceva, acolo, da?

Și al doilea lucru: corăbiile erau în așa fel construite, încât nu puteai să strângi pește doar stând tu singur în corabie. Deci, iată, pescuitul ăsta la băț e boală de egoism! Ei aveau pește pe care trebuiau să-l aducă pe țărm, să-l vândă, să-și ţină familia, să-şi plătească dările la stat. De-aia Matei nu era deloc iubit ca vameş, că din zece peşti, cinci plecau la Roma. Doi plecau la Ierusalim, la regalitate, mai ciordea şi domnul de la vamă câte ceva şi mai rămânea puţin de vânzare, cât să pună un pic de pâine pe masă pentru familie. Punct!

M.M.: Deci, pescuitul nu e o treabă de pescari amatori! E o treabă de *net-working*!

P.C.N.: E o treabă de *networking*! Şi am să-ţi explic de ce, fii atent! Între două corăbii, care erau lungi cât ce avem noi aici, rafturile astea ale bibliotecii...

M.M.: Stick-urile astea cu memorii extinse, care nu se vor strica niciodată!

P.C.N.: Poate la fel de greu, mergeau câte două paralel şi se arunca apoi năvodul, care era legat între ele. Căpitanul, Petru, că el era lider de şalupe, trebuia să ştie când să apuce capătul năvodului şi să-l ridice în aşa fel încât peştii să rămână în năvod. Apoi, când se apropiau de ţărm, uneau corăbiile şi-n urma lor veneau peştii! Când ajungeau la ţărm, curăţau năvoadele, nu le curăţau doar dând cu apă pe ele, nu? Scoteau peştii cuşer şi peştii ne-cuşer. O parte dintre peştii ne-cuşer îi aruncau în mare, ca să le fie hrană celor cuşer, iar pe ceilalţi îi lăsau să se usuce pe ţărm, pentru că n-aveau ce căuta înapoi în ethosul ecologic al mării. 365 de specii de peşti!

M.M.: Superb, absolut superb, *net* înseamnă *plasă*, iar *work* înseamnă *muncă*... *Network* vine de...

P.C.N.: Leadership-ul, trainerul pe leadership şi ce ziceai tu cu *mindfulnessul* ăla...

M.M.: Mindfulness... creştin!

P.C.N.: Da, da! Deci, gândeşte-te bine că se leagă de această capacitate de a fi apostol! Da? Ca să fii apostol, trebuie să fii pescar şi să ştii să lucrezi în echipă! Până şi însingurat, monahul lucrează în echipă, pentru că pleacă din lume ca să se roage pentru lume. Sfântul Siluan Athonitul o spune perfect: „Eu ies din lume pentru ca lumii să mă fac rugăciune!" Sfântul Cuvios Sofronie de la Essex, ucenicul lui, spune la rându-i asta, la modul absolut fabulos, de fiecare dată!

M.M.: Mi-a spus un tânăr călugăr de la Athos... acum, s-ar putea să n-am proprietatea termenilor, nu ştiu dacă era călugăr...

P.C.N.: Da, păi o spune şi numele, *Kalos gerontos* – un tânăr bătrân!

M.M.: Aha, deci, nu era călugăr... era...

P.C.N.: Ba da, putea fi călugăr!

M.M.: Putea fi călugăr!

P.C.N.: Dar călugăr înseamnă *bătrân frumos*! Deci, un tânăr bătrân frumos! Da! *Kalos* e „frumos". *Gerontos, gerond, geronda* – „bătrân"! Nu sună bine? Un tânăr frumos bătrân!

Trebuie să ne concentrăm pe icoane, nu pe ecrane de televiziune. Pe cuvinte, nu pe vorbărie. Pe rugăciune, nu pe bârfă, nu pe ură, nu pe minciună, nu pe delațiune duhovnicească. Pe ce ne-a dat Hristos mai de preț: așteptarea Învierii.

Părintele Constantin Necula

M.M.: Absolvise Teologia la Iași, se pregătise să devină preot, fusese de câteva ori în Athos, mi se pare că la Vatopedos l-am întâlnit, și l-am întrebat de ce a ales să rămână în Athos. El dorindu-și toată adolescența și apoi, mă rog, urmând cursurile Seminarului de Teologie, cu scopul de a fi preot, la el în țară, în România. Mi-a spus că a fost de câteva ori în Sfântul Munte, în Athos, a plecat acasă, s-a întors și a zis: „Mi-am dat seama că puterea rugăciunii de-aici e mai intensă decât oriunde în lume! Când se fac 200 de slujbe în muntele ăsta și-n fiecare schit, chilie, mănăstire, se roagă atât de mulți călugări, că n-are cum să nu se schimbe ceva, toată puterea asta a rugăciunii n-are cum să nu se răsfrângă asupra lumii!"

P.C.N.: Știi cum e? Ca și cum ai cânta la un Stradivarius! Știi care era esența Stradivariusului? Eu am crezut greșit, multă vreme, că lemnul! Nu! *Baițul* de la lemn! Liniștea de a da din zece în zece ani baiț peste bucata aceea de lemn. Athosul are calitatea aceasta unică de a fi *Stradivariusul ortodoxiei*! Cumva se cântă „Kyrie eleison" acolo! Am prins și eu privegheri la Prodromu, că eu-s mai naționalist așa, nu prea ies în zonă! Domnul Ciprian Streza, prietenul și colegul meu, profesor de Liturgică, m-a dus acolo. După ce am stat la Părintele Iulian și m-am spovedit, am primit și binecuvântarea de a săvârși Dumnezeiasca Liturghie. Trebuie să spun că e premiul maxim pentru un profesor în Teologie!

M.M.: Să slujiți o Liturghie la Athos!

P.C.N.: La Prodromu! Înaintea Prodromiței, să te pleci acolo, să te faci una cu pământul, ca să-nțelegi ce-nseamnă cerul! Într-un an am slujit de Rusalii! A venit Părintele Petroniu, ți-aduci aminte? Bătrânul stareț al Prodromului, un bătrân care avea un doctorat în Matematică, un om strălucit...

M.M.: Om de știință, carevasăzică!

P.C.N.: După modelul lui matematic, trecerea de la Unu la Trei s-a făcut prin multiplu permanent! Și chiar și Hegel ne spune că cea mai mare și simplă rezolvare pentru trecerea de la unu la multiplu o face Teologia, prin intermediul Treimii. Tatăl naște pe Fiul și de acolo purcede Duhul Sfânt. Și la un moment dat, în după-amiaza zilei în care citeam rugăciunile acelea multe, apare și Părintele Petroniu. Nu prea mai înțelegeam eu ce zice... Mintea prostului, știi? Zic: „Măi, oare ce zice Părintele?" Noroc că aveam *Molitfelnicul* în mână și mai înțelegeam, cât de cât. Mă gândeam ca popa-prostul: „Mă, acum, el citește, dar nu se înțelege nimic!" La un moment dat, și-a dat jos felonul, ținea cartea și citea acolo rugăciunile. Când și-a dat jos felonul, curgeau lacrimile din felonul lui pe pământ! A fost cea mai mare lecție despre Teologie pe care am primit-o vreodată, în viața vieții mele! Din clipa aia am înțeles că nu există decât două posibilități ca preot: ori te ții de preoție și ajungi ca Părintele Petroniu, ori te poți preface că ții la Teologie și n-are niciun sens să te mai gândești că vei plânge într-atât încât să uzi pământul! A fost momentul care mi-a schimbat totalmente viața!

În aceeași măsură în care a făcut-o moartea Părintelui Păcuraru. De curând, plecarea lui din lume m-a obligat să revăd un pic eșantioanele de încredere în mine. A plecat dintre noi cea mai strălucită bibliotecă umană despre Istoria Bisericii Ortodoxe Române! La fel și când a murit Părintele Bria, am simțit că a plecat cea mai bună minte de Apologetică pe care am ascultat-o vreodată vorbind! Și-am constatat cum plecarea lor îmi recabrează osatura teologică, mă obligă să fiu mai bun, mai atent, mai cuminte, mai cinstit, mai cititor, mai luptător, mai... Mai, Iunie, o să vedem ce-o să mai iasă mai încolo... Moartea Sfinților asta face, te obligă să pui pieptul la bătaie!

M.M.: Îmi place cum vorbiți, iubesc cum vorbiți! Despre acești părinți, ca despre niște instanțe. Mie mi-ar plăcea ca fiecare, în viața noastră, pe drumul nostru, să avem niște instanțe, nu neapărat modele-idoli, cum spuneați mai devreme, ci doar niște instanțe, niște repere! La care să te uiți cu respect, să ai spre ce tinde, să te uiți în direcția aceea și să spui: „Vreau să fiu mai bun, vreau să fiu mai credincios, vreau să fiu mai smerit", până la cea din urmă instanță, că, de fapt, asta e cheia Bibliei! Judecata de Apoi!

P.C.N.: Trebuie să-ți mărturisesc ceva: Creștinismul și Teologia sunt pe ucenicie! Dacă n-ai discipolat, n-ai cum să te dai mare!

M.M.: Dar oare nu așa e în orice meserie? Bine, meserie, între ghilimele...

P.C.N.: Așa ar trebui, așa ar trebui să fie în toate meseriile! Sunt curios, care-i omul de radio care te-a marcat cel mai tare?

M.M.: Au fost mai mulți, sigur, pe care i-am admirat, nu neapărat idolatrizat sau urmat. Mi-a plăcut Andrei Gheorghe, mi-a plăcut Paul Grigoriu!

P.C.N.: Și pe mine m-a marcat Paul Grigoriu. A fost omul care m-a oprit pe coridoare, la un moment dat, la Radio, după ce am făcut acolo niște înregistrări pentru Arhiva Radio despre vechea scriere românească. A zis: „Dumneata ai o voce radiofonică ieșită din comun!" Mamă, să zică asta despre mine Paul Grigoriu! Nu știam cum s-o tai mai repede de-acolo! Mi-a fost rușine efectiv, nu știam unde să mă ascund, îmi venea să intru în zid, la fel ca Ana lui Manole!

M.M.: Ce frumos!

P.C.N.: Ăștia-s oameni care dau semne!

M.M.: Asta spun!

P.C.N.: Da!

M.M.: Că e bine să avem astfel de instanțe!

P.C.N.: Fără instanțele astea nu existăm!

M.M.: De fapt, ținta este ultima instanță! Cum spuneam, Judecata de Apoi! Pentru că, de fapt, ăla este Binele Suprem!

P.C.N.: Trebuie să-ți spun că, săptămânile trecute, prezentând o carte de-ale doamnei Ana Blandiana, m-a șocat că m-a sunat să-mi mulțumească!

M.M.: Nu cred, minunat!

P.C.N.: Mie, piticaniei! Femeia m-a sunat să-mi mulțumească personal pentru că i-am prezentat cartea! Femeia care mi-a schimbat reperele pentru limba română! Știi ce zic? Adică, e ca și cum te-ar suna... de cine să zic acum? Nu neapărat Sfântul Ioan Gură-de-Aur, dar, păstrând proporțiile, cam tot din zona aia. Dacă vrei, în viziunea mea, ce-a făcut femeia aceasta cu soțul ei, acolo la Sighet, este restartarea demnității românești, în cea mai pură formă! Este primul sărut românesc pe obrazul trădării naționale! Acolo nu mai e deja vorba de greco-catolici, ortodocși, maghiari, ruși, români, lipoveni, ucraineni, acolo este vorba despre demnitate națională! Aceeași senzație am avut-o și când am fost la Jilava! Filmam cu echipa de la TVR 1 și mă uitam la prietenul meu, domnul Andrei Măgălie, un om la al cărui profesionalism mă plec de fiecare dată. Este unul dintre marii regizori de televiziune pe care-i avem! Și mă uitam la el cum stătea cu nodu-n gât, mărul lui Adam urca spre pomul cunoașterii Binelui și Răului. Îți poți imagina scena asta? Operatorii care erau cu noi și filmau în speluncile alea ale trădării naționale, când am ajuns în dreptul locului unde se spune și chiar cred c-a murit monseniorul Vladimir Ghika, Sfântul Vladimir Ghika, m-au șocat efectiv prin atitudinea lor – oamenii ăia plângeau în spatele camerei de luat vederi. Camera de luat vederi plângea și ea, în același timp cu ei! Înțelegi? Noi nu putem schimba lumea dacă nu ne pocăim pentru trădările în care am trăit! Dacă nu o luăm de la capăt cinstit, onest, recunoscând că da, atâta am putut! Or, asta înseamnă ucenicie! Nu mă simt deopotrivă cu niciun mare predicator, dar trebuie să spun! Uneori, simt că nu mi-e rușine nici de Înaltpreasfințitul Antonie, nici de Înaltpreasfințitul Bartolomeu! I-am auzit vorbind, știu cum vorbeau, știu cum își pregăteau predica, dar asta-i altă mâncare de pește, alt... *work*... la *net*! Către ei mă plec de fiecare dată cu rușine! Îmi pare rău că n-am să fiu niciodată asemenea lor, dar sper ca niciodată la judecată să-mi bată obrazul! Să-mi zică: „Uite, noi ți-am lăsat o limbă română predicatorială de marcă și tu, profesor de Catehetică, ai batjocorit-o!" Unii chiar cred că-i ușor să reușești să spui ușor lucrurile. Este câteodată sau poate fi uneori, dar acest fapt are loc doar pentru că harul lui Dumnezeu și modelele astea-ți intră-n viață și circulă prin ea, prin tine, prin conștiința ta.

M.M.: Părinte, se poate vorbi despre o carieră în domeniul preoției?

P.C.N.: În urmă cu foarte mulți ani, fiind prezent la canonizarea Sfântului Antonie de la Iezerul Vâlcii, o colegă de an de-ale noastre era acolo... De fapt, dacă mă gândesc mai bine, două erau acolo, la mănăstire, care se scălda într-o sărăcie lucie. Pe cât era de săracă mănăstirea aia, pe atât era de întipărit un bun-simț în maici și-o căldură sufletească cum rar am mai văzut! Și ne ducem noi într-o dimineață, să ne întâlnim cu Părintele Ghelasie. Părintele era pe-atunci și duhovnicul unora dintre colegii mei, un om extraordinar, plin de calități. Dar avea și un mic defect, dacă-mi este permis, era total afon la muzică. A cântat la slujbă „Iubi-te-voi, Doamne!", de-a crăpat cerul în două! Ei, ne-am trezit cu un tânăr monah la strană care ne-a ajutat să ne descurcăm în tipic, să cântăm și noi. Urma momentul în care, conform tradiției, la canonizare, moaștele se scoteau din altar și trebuiau să le aducă la închinare! Noi, neștiind care-i rânduiala locului, îi dăm un cot tânărului monah, întrebându-l: „Acum, ce facem, că nu-i niciun popă?". Și zice: „Păi nu, că mă duc eu!" Când ne-am uitat, și-a pus epitrahilul, apoi omoforul. Cine crezi că era? Era chiar Episcopul Irineu, actualul Mitropolit al Olteniei! Astea-s lecțiile ortodoxiei! Smereniile astea care se cresc sau nu se cresc! Orice gând de carieră în ortodoxie este pedepsibil cu haosul! În ortodoxie nu poți face carieră! Poți să-ți împlinești vocația sau nu! Dar carieră? Să te ferească Dumnezeu!

M.M.: Dar smerenia asta nu cumva trebuie să existe în viețile noastre, ale tuturor?

P.C.N.: Dar cum nu? Sigur! Asta cu *trebuitul* nu este la secția noastră! Nu există niciun „trebuie" pe-aici!

M.M.: Niciun „trebuie" prin cărțile astea din bibliotecă, nu? Nu s-ar cuveni așa ceva?

P.C.N.: Dacă este cu putință, Doamne, dă-mi să... Dacă este cu putință, Doamne, fă să...

M.M.: Cum învățăm smerenia, în era asta care ne învață să ne dăm ego-ul mai tare?

P.C.N.: Păi cu liniște, cu liniște, cu calm. Eu am învățat foarte mult din emisiunile voastre de la Radio Zu! Cu adevărat, nu glumesc!

M.M.: Doamne ferește, cum așa ceva?

P.C.N.: Serios! Dimineață, eu ascult foarte mult radio. Sigur, n-am răbdare la vox-urile alea, când se spun prostii, știi? Dar să-ți faci profesionist treaba e un gest de smerenie! E mare smerenie, să știi să îți faci profesionist treaba!

M.M.: Adică să-ți vezi de treaba ta! Nu de-a altuia!

P.C.N.: Da, și să știi... Am, împreună cu colega mea, Adriana Ene, o rubrică nouă la Radio Trinitas, la *Bucuria Poveștilor*, ea se numește „Să știi ca să fii!". Și le zic: „Dragi ascultăreți, și fetițe și băieți", adică încerc să-mi prefigurez mental imaginea lor, a fiecăruia în parte, să-i am înaintea ochilor pe cei cărora le vorbesc și îmi dau mereu silința de a le vorbi din tot sufletul și din tot cugetul. Uneori, trebuie să fii conștient de faptul că poate exista situația în care cuvântul tău valorează cât Împărăția lui Dumnezeu, nu pentru că tu ai valora ceva, ci pentru că Dumnezeu ți-a pus în minte ce-ai de spus! Într-una dintre cărțile din biblioteca aceasta, în care a studiat și Mitropolitul Nicolae Mladin, mare Mitropolit și mare profesor de Mistică Paulină, este o vorbă cât o sută de mii de volume. Zice: „A fi smerit înseamnă să știi locul tău în raport cu chemarea lui Dumnezeu, și nu cu locul în care-ar vrea să te-ndese oamenii!" Și-o spunea când afară zăngăneau cătușe și șenile. Asta e smerenia, să știi unde te-a pus Dumnezeu să fii bun! Poți să nu fii un dentist foarte bun, să spunem, dar ai un calm al tău, care îi face pe oameni să vină cu încredere la tine și să creadă în tine, iar tu, din calmul acela al tău, să găsești soluții! Inclusiv să suni pe un coleg mai bun decât tine! Asta-i smerenia!

M.M.: Ni s-a vorbit non-stop, în perioada pandemiei, de moarte, ca despre un fenomen pe care l-am perceput de foarte aproape! Am impresia că, de fapt, noi am fost scoși un pic de pe traseul nostru, văzând moartea de la o distanță așa de mică. Nu cred că e cel mai mare rău care se poate întâmpla unei planete...

P.C.N.: Unei planete nu i se poate întâmpla nimic, că e-n voia lui Dumnezeu!

M.M.: Corect, e natura până la urmă!

P.C.N.: E în mâna lui Dumnezeu!

M.M.: Și cred că există lucruri mai rele pe care le-au trăit cei dinaintea noastră...

P.C.N.: Fără îndoială!

M.M.: De fapt, dacă stau și mă gândesc, se împlinesc în curând 5 ani de la tragedia de la Colectiv!

P.C.N.: Ne plângem de carantine și de Covid. Cultivăm uri indecente. Suntem neatenți unii la alții. Și am devenit mai avizi ca oricând de bârfă. Speram, efectiv speram, ca momentul-rană de la Colectiv să ne facă să vedem altfel viețile noastre. Ori măcar să învățăm să respectăm suferința celuilalt. Drama. Tragedia din viețile oamenilor de lângă noi. Unii numără morții. Eu aș îndrăzni să număr clipele de durere ale supraviețuitorilor, ale părinților copiilor acelora. Clipele lor de umilire. De nedreptate socială și cuvintele grele înghițite pe nedrept. Cum de ne apucă deșteptăciunea numai în astfel de situații limită? Când unii mor. Anonimizați de Facebook, dăm drumul la vorbe fără să gândim. Eu încă port adânc, în structura glicemică a vieții mele, tensiunea de atunci a nemerniciei care a izvorât așa, dintr-odată. Nu regret cuvintele grele rostite împotriva Bisericii. Ne-au obligat să fim mai Biserică. Numai cine nu vrea nu vede că s-au schimbat atitudini și oamenii și-au recondiționat parte din gândirea comunitară din Biserică. Mă dor și acum cei care nu au fost atenți să nu rănească fiind mai acizi în moralismul lor decât arsura însăși. Nu știu dacă rana de cuvinte se poate vindeca. Nu știu dacă nu cumva cuvintele aruncate cu ură și vicleană manipulare nu ar trebui încadrate la terorism. Nu văd diferența între uciderea cu toporul și uciderea din culpă cu mizeria fără logică a unor afirmații. Am redescoperit răutatea aceasta negândită în perioada aceasta de pandemie. Pivoții rezistenței omeniei noastre scârțâie rău. Fanatismul, de orice nuanță ar fi el, reprezintă partea frustrării în sens și exprimare umană și e nevoie de noi toți să ne vindecăm. Orice grabă în răspuns dăunează grav sănătății sociale. Dar nu putem fi toți sfinți, nu? Dar oameni, oameni am putea fi?

Colectiv. 5 ani. La Proscomidiarul Catedralei ținem mereu pomelnicul oamenilor stinși atunci. Fără a ține cont de religie ori confesiune. Pentru că rugăciunea în fața unei astfel de drame este singurul mod de a ne susține unitatea umană. În timp am cunoscut câțiva, puțini, dintre supraviețuitori. Am cunoscut oameni care au ajutat enorm atunci. Doar păgânii au nevoie să aibă legi pentru a face binele. Pentru oamenii ancorați în viața dăruită celuilalt e nevoie doar să rămână oameni. Am cunoscut rude, părinți și prieteni ai celor plecați în seara aceea, una dintre cele mai lungi nopți din istoria noastră modernă, tensionată asemenea unei nopți de Decembrie 1989 ori nopților acestea ce le parcurgem cu greu. În care așteptăm să vedem când ne vine rândul. Încercând să intuim cum ne vom comporta. Fără să știm până nu ne cuprind neputința, frica, groaza. Personal, nu-mi trece noaptea Colectiv. Cred că, asemenea lui 1989 și momentelor de acum, e rodul unor sisteme prea pline de ele ca să mai vadă ori să înțeleagă oamenii și expunerea lor la moarte prin negrija sistemică, prin corupția generalizată ascunsă după cuvinte frumoase.

Colectiv. 5 ani. Plec, frățește, genunchiul la pământ. Și nădăjduiesc că Dumnezeu nu va mai

Din nefericire, divorțurile care intervin în familiile cu unul sau cu mai mulți copii sunt adevărate răstigniri. Să nu uitați nicio clipă că, în sine, căsnicia, de la început, nu este o alternativă la divorț, iar divorțul nu este alternativă la căsnicie.

Părintele Constantin Necula

îngădui niciunei familii ori comunități să se spargă în cioburile morții așa. Și apoi ale urii fără sens. Mă întreb când vom da ochii cu ei, cu cei care s-au stins în lunile din urmă...

M.M.: În schimb, însă, pentru generația noastră e momentul în care am văzut moartea foarte aproape și ni s-a vorbit și ni se vorbește în fiecare zi despre moarte! Și, de fapt, eu asta văd în perioada care a trecut, văd o frică... de moarte!

P.C.N.: Moartea ca procent!

M.M.: Exact!

P.C.N.: Nu procentul de moarte!

M.M.: N-ar trebui să nu ne mai fie atâta frică de moarte?

P.C.N.: Biruința morții, împotriva morții! Știi că eu am stat multă vreme și m-am gândit – măi, ce m-am mai gândit, pentru că am momente când mai și gândesc. Ce-i cu Săptămâna Mare de-i atât de cutremurătoare, ce o face pe ea specială? Că doar știm că Hristos a înviat! Gândește-te că noi trăim Săptămâna Patimilor știind și având convingerea că Hristos a înviat și, în ciuda acestui fapt, tot ne mai este greu! Și când zicem: „în mormânt, viață”, ne ia tremurul!

M.M.: Datorită acestui fapt este importantă perioada de post?

P.C.N.: Postul nu e un post vegan, în modul vegan al acțiunii. Dincolo de a nu mânca și a nu bea, înseamnă a te așeza în liniștea lui Dumnezeu.

Nu în ultimul rând, nu este o obligație de serviciu, postul este o bucurie. Este un mod al lui Dumnezeu de a se face cunoscut oamenilor și de a-i face pe oameni să înțeleagă adevăratul ritm al vieții. Apoi, una dintre propunerile pe care putem să o facem liniștiți în timpul postului este să vorbim mai puțin, să muncim mai atent, să ne iubim mai cu grijă, să fim un pic mai atenți la tot ceea ce Dumnezeu ne-a dăruit, pentru că, până la urmă, nu vine chiar totul din construcția financiară a lumii, ci și din partea morală a lumii.

Trebuie să fim atenți ca să nu facem din a nu mânca o obsesie și nici din a mânca o obsesie. Trebuie să învățăm să trăim într-un echilibru, așa cum ni-l îngăduie Dumnezeu! Sunt convins că cei care au munci foarte grele pe șantier sau în alte condiții au micile lor derogări dumnezeiești. Nu cred că Hristos stă cu o carte de rețete să controleze oamenii, dar răstignirea Mântuitorului ne obligă la un pic mai multă atenție și să înțelegem că nu asta trebuie să fie principalul scop al postului. Noi nu mâncăm, ca să ne împărtășim. Noi nu mâncăm, ca să putem să mâncăm în noaptea de Înviere trupul și sângele Mântuitorului nostru Iisus Hristos.

Postul mă ajută să-mi întăresc relația cu toți credincioșii, pentru că vezi încă o dată sute de oameni, în Postul Mare spovedești chiar tu, ca preot, te reașezi în normalitatea preoției tale. Postul este un exercițiu pe care trebuie să îl avem tot timpul, pentru că niciodată nu trebuie să mâncăm pe săturate, niciodată nu trebuie să facem niciun abuz. Cred că a posti înseamnă a refuza să te prostești.

M.M.: Fascinantă diferențiere!

P.C.N.: Ei bine, mi-a trebuit mult să mă prind, sărind peste luni, marți, miercuri, joi, deși la ziua de joi, acolo, cu trădarea lui Iuda, e puțin de zăbovit, merită discutat odată! Anul trecut a fost cumplit, la Prohod eram șase preoți la distanță de doi metri, cântăreții cântau la 30 de metri în spatele nostru, iar noi plângeam ca niște copii! De fapt, Prohodul are sens în mijlocul oamenilor care cred în Înviere! Ce se-ntâmplă după Prohod? Înconjurăm biserica, da? Cântăm: „Iosif cel cu bun chip, de pe lemn luând preacurat Trupul Tău, cu giulgiu curat înfășurându-L și cu miresme, înmiresmându-L, în mormânt nou, în mormânt nou, L-au pus!" Și-apoi, acolo unde există cimitir lângă biserică, plecăm cu lumânarea aprinsă la mormântul celor dragi.

M.M.: De ce?

P.C.N.: Pentru că în cele mai de jos ale pământului, Hristos calcă ca un biruitor. Învierea a început! Iar sâmbătă, Dumnezeiasca Liturghie are loc pe masa de altar din fundul iadului golit de draci. Hristos nu bate doar moartea, bate și iadul! Îl dărâmă! De aceea, în noaptea de Înviere, atunci când se vestește, dis-de-dimineață, femeile mironosițe mergând la mormânt, reacția noastră este: zicem *Evanghelia*, cântăm, înconjurăm biserica și lovim cu buzduganul, dar nu cu al nostru, nu cu al nostru, dăm cu crucea

Cele mai mari biruinţe vin din eşecuri. Indiferent de cât de mult şi de aplaudaţi sunt copiii de nota 10, ei nu vor ajunge nişte profesionişti excepţionali niciodată. V-o zice unul care a avut 10.

Părintele Constantin Necula

în porțile bisericii, spunem: „Deschideți, boieri, porțile, să intre Împăratul măririi!” Întrebarea-i firească: „Cine-i acela Împăratul Măririi?” Pentru că e reacția între îngeri, aceia care păzesc Raiul, și Hristos, plin de sânge, rănit, tocat – o bucată de carne tocată –, se întoarce de-a dreapta Tatălui.

În momentul în care intră în spațiul ăsta al bisericii, porțile se deschid. Tot ceea ce a dărâmat Hristos nu mai poate să zidească iadul niciodată! De aceea, într-adevăr, iadul nu mai există! Ne încăpățânăm, ca o turmă de-aia belicoasă și năroadă, să stăm înghesuiți unu-n altul în iad. Dar zidurile lui nu mai există, nici stăpânii, gardienii nu mai sunt acolo, pentru că ei au fost biruiți de Hristos! Noi continuăm să-i socotim puternici: „Ei sunt acolo, îi știm noi, e un complot!” Or, Hristos ne spune că nu! Iar pentru mine a fost fundamental. Trebuie să spun asta, că nu mă rabdă inima. Filmam odată cu Victor Dochia, bunul meu prieten, pentru emisiunea specială de pe TVR despre Săptămâna Patimilor. Și la un moment dat... Ca să vezi, ce înseamnă noțiunea de copii proști! Filmam cu vreo săptămână, două, trei, chiar, înainte de momentul ăsta, dar, vineri seara, ca să surprindem momentul, ne-am dus să filmăm pe *Via Crucis*. Închipuie-ți un popă în reverendă, cu două camere de luat vederi, trecând printre musulmanii care se întorceau de la moschee și evreii care plecau la sinagogă! Pentru mine, *aia* este Vinerea Mare! Eu de-abia atunci am înțeles Vinerea Mare, profunzimea și implicațiile acestui lucru, oricât de mare ar fi mișcarea lumilor, oricât de tare ne-am pierde în religiozitățile noastre, care nu-s totuna cu credința întotdeauna. Hristos a înviat!

M.M.: Adevărat a înviat!

P.C.N.: În ciuda tuturor aparențelor, așa e! Hristos a înviat! Mă uitam la soldații israelieni, care păzeau străzile... la un moment dat, una dintre fetele soldați a luat arma și a dat onorul – scurt, dar s-a văzut! În liftul de la hotel, a doua zi de dimineață, m-am întâlnit cu un tânăr, militar israelian grec, care făcea armata în Israel, făcând parte din diaspora greacă de-acolo, cu cruce la gât. Cică: „Patera, te-am văzut ieri trecând prin mijlocul Ierusalimului, ești o onoare pentru Biserică!" M-a surprins, n-am crezut că-mi adresează mie vorbe așa de frumoase. Învierea lui Hristos e o onoare pentru noi, nu e o jelanie continuă! Hristos e o onoare pentru noi, e un dar cum nu ne-a mai dat nimeni până acum, niciodată! Hristos nu e ceva sau cineva, nu e noțiune ori un precept care să se umilească cerându-ne iubirea! El *este* iubirea! De aici începe toată taina aceasta binecuvântată a Învierii! Dacă știm asta, suntem în siguranță, pe deplin conștienți de drepturile ce ni se cuvin și de obligațiile corelative. Din această cauză, eu mă simt tot timpul în poziție de drepți înaintea Lui!

M.M.: Dar cum să facem, când moartea ne privește în ochi?

P.C.N.: N-are curaj! Nu, n-are curaj!

M.M.: Când televiziunea, internetul, Facebook-ul ne aduc moartea cât mai aproape, când un animal de pradă se uită în ochii tăi?

P.C.N.: Nu se uită niciodată moartea-n ochii noştri... n-are curaj să ne privească!

M.M.: Se vorbeşte zilnic despre moarte!

P.C.N.: Asta-i altceva!

M.M.: Cum să nu ne mai fie frică?

P.C.N.: Păi îţi spun, îngăduindu-i morţii să se uite-n ochii noştri! Să vezi cum fuge, e ca o hienă, atunci când e înconjurată de Înviere! Părintele Paisie Olaru avea o vorbă cât o sută, zice: „Uită-te în ochii ei și ea fuge!". Moartea nu mai are nicio putere asupra noastră! Ne-a zis-o Hristos în mii, în sute de mii, în miliarde de feluri de la Înviere încoace! Gândeşte-te doar la momentul în care, intrând pe uşile încuiate unde stăteau apostolii, de frică, la un moment dat intră Hristos. Ăia se aşteptau să-i certe că, na, era şeful, pe care L-au lăsat pe cruce, acolo, atârnat, nu era prea în regulă cum fugiseră ei, care, pe unde! Şi Hristos, care nu gândeşte după mintea noastră, căci gândurile lui Dumnezeu nu sunt ca gândurile noastre, ale muritorilor, intră în mijlocul lor. Fix când se aşteptau să îi certe pentru ce făcuseră sau nu făcuseră, le zice: „Pace vouă!". Hristos n-a venit să se răzbune pe noi, niciodată! Moartea e răzbunătoare, dar Hristos nu! Oamenii sunt răzbunători când ţin partea morţii!

M.M.: Ce lecție ar trebui să învățăm din toată perioada grea pe care am străbătut-o?

P.C.N.: E momentul să ne pocăim cu adevărat! Încheiat, anul trecut ne-a durut enorm. Vom vedea dacă a schimbat ceva în modul de a gândi mereu lumea numai la nivelul percepției noastre. E momentul să ne pocăim cu adevărat. Să asumăm Botezul nostru ca o naștere de Sus, ca o naștere din nou. Ca un exercițiu de Înviere. Și de așezare a noastră în Taina vieții în Hristos. Cu timpul, e greu. Ni se pare că el trece, dar de fapt noi, noi trecem. Cu tot ce suntem și tot ce visăm să fim sau să facem. Poate de aceea Biserica vede în sărbătorile acestea – Nașterea Domnului, închinarea Magilor și Păstorilor, Punerea Numelui și Tăierea Împrejur și Botezul Domnului la Iordan – o singură Sărbătoare. Odinioară numită Epifania, Arătarea Domnului Dumnezeu. Un fel de praznic al vederii Nevăzutului. Ca și cum câteva zile pe an, în miez de credință, o fantă de nădejde deschide cerul Iubirii. Și vedem Iubirea. Trăim pentru ea.

M.M.: Cum ne revenim din pandemie? Cum revenim la starea inițială, la starea aceea primordială de puritate?

P.C.N.: A bea zilnic din Agheasma Mare înseamnă mai mult decât purificare. Agheasma Mare băută înseamnă mai mult decât purificare. Înseamnă o reactivare într-un fel sau altul a stării noastre de bine, de atașați la Dumnezeu, este o reatașare de Dumnezeu. Vrem să bem agheasmă,

Decât să priviți moartea-n ochi și să vă fie frică de ea, mergeți și priviți-L pe Hristos în ochi, ca să nu vă cuprindă frica niciodată!

Părintele Constantin Necula

de aceea suntem ai lui Hristos. Cine nu vrea nu bea. E bine să faci cât mai mult timp exercițiul acesta al hrănirii cu anafură şi al ieşirii din sete cu agheasmă, pentru că, de fapt, arată că toate alimentele lumii sunt sfințite de Dumnezeu, dacă Dumnezeu e prezent în rugăciunea noastră. Nu există unghi al lumii în care harul lui Hristos să nu intre. Iar Agheasma Mare este frumoasă şi din alt punct de vedere, ziua Bobotezei e frumoasă pentru că noi spunem că se sfințesc toate apele lumii, adică inclusiv ultimul colţişor de pârâu din ultima lume, nelocuită de oameni, şi acolo harul lui Dumnezeu lucrează neîncetat în favoarea lumii.

În credința ortodoxă, Boboteaza aminteşte de Botezul Domnului în apa Iordanului la vârsta de 30 de ani, înainte de a păşi în viața publică. Potrivit tradiției, la Bobotează se săvârşeşte slujba de sfințire a apelor – Agheasma Mare, care are semnificația simbolică de act de regenerare cosmică. Apa sfințită de Bobotează se ia dimineața, pe nemâncate, până la Odovania praznicului Botezului Domnului din data de 14 ianuarie, apoi Agheasma Mare se păstrează în case şi se ia în afara acestor zile doar cu acordul preotului duhovnic. Sărbătoarea Botezului Domnului precedă ziua în care în Biserica Ortodoxă este pomenit Soborul Sfântului Ioan Botezătorul şi Înaintemergătorul Domnului.

M.M.: Şi cu toate astea, o grămadă de oameni şi-au petrecut ultimul an ocupându-se sau fiind consumați de frica de moarte, decât să se aplece asupra aspectului care primează de fapt: dragostea de viață!

P.C.N.: După cum am mai zis, ipohondria omoară România! Se și vede, în cercetările sociologilor și psihologilor, ale celor pe patologie socială în special, care ne spun foarte clar că pandemia a lăsa urme foarte adânci în psihicul oamenilor! Eu o văd și o constat așa, din linia întâi!

M.M.: Ce trebuie să facă un preot mai abitir acum, când oamenii și-au pierdut mai mult decât oricând direcția?

P.C.N.: La vremuri grele, dureroase, avem o singură chemare: trebuie să avem curajul să iubim! Să iubim fără nicio rezervă. Nu de făcut pe deștepții au nevoie oamenii, semenii noștri, ci de dragostea noastră, de mărturia noastră că ne pasă. În smerenie și bun-simț, cu destinderea de Duh Sfânt ce ți-o pune în inimă bunul-simț. Mi-e rușine cu răutatea unui creștinism mediocru, de turmă analfabetă în Duh. Opriți-vă! Încercați să vedeți că Dumnezeu Însuși plânge de dorul nostru. Copiii morți în Laos, dramele din spitale, răutatea dintre noi, ifosele de puri ale celor care n-au atins puterea, dar se cred incoruptibili, jena de a privi cum numără puținii bani ce-i mai au bătrânii la tejgheaua cu pâine ori la ghișeul farmaciei, rușinea de a nu găsi soluții la sărăcia oamenilor ori de a nu ști cum să ne cerem iertare că nu suntem lângă oameni, în momentele de criză – toate acestea sunt motive de reflecție mai amplă decât păcatele altor popoare ori insistența violentă a grupusculelor ideologizante în efortul lor de a prosti liniștea lumii.

Nu ne-au adus aminte că trebuie, obligatoriu, să stăm unul lângă altul pentru că lipsesc cei care să ne fie liantul social al unității? E nevoie de creștini în construcția unei democrații reale? Fără îndoială că da. Dar de creștini atenți la suferință și compătimitori la tragedii. Făcători de bine și atenți la rugăciune. Colportorii de apocalipse stupide și muribunzii cu aere de înviați nu încap în lucrarea de duh a unei biserici. Nici când cenușa tragediilor se va răci, iar unii o vor ascunde sub preș – cine are ochi de citit înțelege –, gura creștinilor nu poate emite judecată fraților, ci încurajarea exigențelor care nu repetă cataclismele. Nu-l puneți pe Dumnezeu în situații jenante doar pentru că nu-i înțelegeți gândul și durerea!

M.M.: Cum facem cu dragostea de viață?

P.C.N.: În calitate de preoți, pentru noi e clar: trebuie să le-o dăm, să o insuflăm acelora care au curaj să meargă mai departe! Când au venit prima dată credincioșii la catedrală, știi că am ieșit și i-am aplaudat, le-am mulțumit pentru că au fost puternici! Cine vine la biserică în ciuda faptului că poartă frici cu el e de apreciat. Biserica-i și-o... cum să-i spunem, biserica este o turbină de vindecare a fricilor. Că, fii atent, vii și zici: „Doamne, ia-mi frica, că eu nu mă mai descurc." Hristos ți-o ia și-n schimb îți dă curajul. Crede-mă, că de mii de ori am făcut-o!

M.M.: Iar curaj nu înseamnă inconștiență!

P.C.N.: În niciun caz!

M.M.: Sau anarhie!

P.C.N.: Nici una, nici alta. Sub nicio formă curajul nu înseamnă înjurarea aproapelui care nu gândește ca tine! Deci, să ne-nțelegem, Hristos nu se slujeşte pe stradă! Şi cu asta am spus tot! Hristos se slujeşte în genunchi, în biserică! Dacă eşti cu adevărat creştin, te duci şi vorbeşti cu singurul interlocutor care nu te trădează şi care este Dumnezeu! Te pui acolo, în colț, şi zici: „Doamne, tu vezi ce se-ntâmplă peste țara mea? Care-i și Grădina Ta, din când în când. Tu vezi ce se-ntâmplă peste prietenii mei, peste duşmanii mei, deopotrivă, mi-ai zis să-mi iubesc duşmanii, ajută-mă să-mi iubesc duşmanii, cerându-le mântuirea! Şi vestindu-le mântuirea!" Singurul mod de a-ți iubi un duşman este să spui: „Dumnezeu te iubeşte, nărodule! Dă tu-n El, fă tu ce vrei, dar la sfârşit priveşte-I lacrima din colț care cade pentru tine!"

Este scena aia din *Patimile lui Hristos*, regizat de Mel Gibson, unde avem şi noi o reprezentantă, pe Maia Morgenstern, scena când cade picătura aia de lacrimă din ochiul Tatălui şi zbuuuf... se zguduie lumea! „Hristos, prin Înviere" – aceasta este vorba Părintelui Stăniloaie; la noi, la Sibiu, o spunea Părintele Ilie Moldovan, profesorul nostru de Morală. Uite, spune părintele acolo: „Hristos, prin Înviere, a schimbat condițiile ontologice ale existenței, pentru că Învierea este existența ontologică a Lumii!" Fără Înviere nu există lume! Noi acuma o vedem departe, dar gândește-te la zorii Învierii în Japonia! Este dis-de-dimineață, prima zi a săptămânii, în Japonia. Ăia nu știu nimic despre Hristos și deodată: „mamăăă, ce Soare a răsărit!" – era altul soarele. În Laponia, razele Învierii lui Hristos au pătruns și-au schimbat lumea, dintr-odată s-a schimbat și aerul!

M.M.: Ați asistat, personal, nemijlocit, la o asemenea întâmplare?

P.C.N.: Eu am văzut o chestie de genul ăsta, odată, în Chile! La *Punta de Tralca*, unde-i înmormântat Pablo Neruda, foarte aproape! La un moment dat, de dimineață, răsărea soarele și se vedeau cei doi curenți: cel care mergea spre sud, mai călduț, și cel care venea dinspre sudul lor, care era rece, rece tare. Și somonii săreau în aer, așa, la liber, că erau crescătorii de somoni în larg. Și dintr-odată a răsărit soarele! A răsărit treptat, dând apei translucidul cerului! Nu mai știam unde e cerul și unde e marea. Asta-i imaginea pe care o creează Învierea, de aia-i frumoasă Duminica Învierii, de dimineață. Țin minte, oricât ar fi de urât, de ploaie...

M.M.: De obicei, de Paște, plouă!

P.C.N.: E fain și simplu! Știi?

M.M.: Ce frumos...

P.C.N.: Da, pentru că fainul ăsta nu e de la fainoșagul din pateu. Fainul ăsta e de la frumusețea asta de sfârșit în care Dumnezeu ne-a ținut sufletul! E frumusețea care mântuie! Noi nu ne temem de moarte, ci noi ne temem mai degrabă de urâțenia morții! Nimeni nu moare frumos! Știi, mai aud, „să pregătim o moarte cu demnitate!” Moartea nu-i demnă, niciodată. E hoață! Știi când ziceau ardelenii: „tulai, Doamne!”... derivat din *„tolvai”*, care înseamnă „hoțule” în ungurește! Se striga „tulai, Doamne!”, numai când murea omul! Ieșea afară văduva sau văduvul și zicea: „Tulai, Doamne!”, adică „Tolvai, hoața care mi-a furat ce-aveam eu mai de preț”! E hoață moartea și, ca orice hoață, e perfidă, urâtă, dar miroase! Se simte, se simte! La extrema cealaltă este „sfârșit creștinesc vieții” – observi diferența de nuanță? Nu moartea-i creștinească, ci sfârșit creștinesc vieții noastre! Sfântă, în pace și fără de păcat, la Domnul să cerem!

M.M.: Știți foarte bine că inclusiv din mijlocul bisericii se nasc foarte multe voci de *hate*, de ură? Când de fapt credința e despre cu totul și cu totul altceva?

P.C.N.: Ar fi neloial pentru frumusețea bisericii să nu existe astfel de șugubățenii omenești. Eu am auzit despre mine lucruri de care m-am mirat tare, adică lucruri care nu mi-au trecut niciodată prin minte, ca să nu mai zic prin buzunar, că nu e deloc cazul! Și-am înțeles atunci că da, e real, când urci pe cruce, trebuie să te aștepți și la cuie! Hristos știe asta! Ar fi penibilă o biserică fără furtuni. Ce pescar te mai faci dacă nu te bate nicio furtună, niciodată? Știi bancul ăla în armată, la un moment dat vine comandantul zice: „Băi, ăștia, rotarii, ieșiți în față!” Și-au ieșit toți. „Tu?”

„Eu fac roate de car." „Tu?" „Roate de mașină." „Tu?" „A, nu, pe mine doar mă cheamă Rotaru!" Știi? Adică, pe noi nu ne cheamă creștini, noi suntem creștini sau nu suntem, nu există variantă de mijloc! Iar numele nostru este echivalent cu înfruntarea haterilor, dacă vrei.

M.M.: Dar cei care iau numele bisericii și nu au cele mai inspirate porniri?

P.C.N.: Îl tamponează un pic, da...

M.M.: Tu nu te vaccinezi, tu nu porți mască, tu porți mască, tu te vaccinezi!

P.C.N.: Blestemul nu este o funcție a bisericii, biserica nu blestează niciodată!

M.M.: Deci nu e pe blesteme, ca să-nțelegem bine!

P.C.N.: Dacă biserica ar fi pe blesteme, ne-am întoarce înapoi cu mult înainte de venirea Mântuitorului Hristos! Hristos doar pe diavoli îi blestează!

M.M.: Și-atunci am fi păgâni, nu creștini!

P.C.N.: Nici măcar păgâni, nici nu știu ce-am fi! Dac-am mai fi!

M.M.: Cum să mai sperăm la Împărăția Cerurilor? Cum putem ajunge să ne mântuim?

P.C.N.: An după an, Biserica spune aceleași „povești", după spusa unora. De fapt, e o singură Poveste. Povestea prezenței pentru 33 de ani a Mântuitorului Hristos – Domnul și Dumnezeul nostru – în mijlocul suferinței și bucuriei umane deopotrivă, în mijlocul oamenilor preocupați de ei înșiși și foarte rar de Dumnezeu și Împărăția cerurilor. Nu. Împărăția cerurilor nu era un construct ieftin. Nici măcar fariseii și cărturarii ori preoții Marelui Templu de la Ierusalim nu știau care este conținutul acestei Împărății. Citim *Vechiul Testament* și nu descoperim în paginile sale promisiunea Împărăției cât mai ales promisiunea unui Împărat, Mesia. Nu e vorba de versete și citări din *Vechiul Testament* – unde nu apare nici un verset privitor la Împărăția cerurilor la o căutare minimală – pentru că acolo se construiesc atmosfera și cultura duhovnicească pentru a putea să fie identificat Cel Ce vine în Numele Domnului. Adică mesagerul care Întrupează Împărăția. Profețiile ce vizau împărăția de mii și mii de mii de ani – profetul Daniel vorbește amplu despre aceasta – dovedesc că e vorba despre o schimbare, o remodelare a lumii în care omenii trăiau. Nu doar despre împlinirea profețiilor – cum insistă inspirat Matei – e vorba aici. Ci despre întruparea tuturor profețiilor într-o singură persoană, Iisus Hristos. Provocarea aceasta, de a descoperi mereu și mereu că Hristos Domnul este Dumnezeu Întrupat, Mesia venit în mijlocul poporului, este fundamentală înțelegerii misiunii Sale despre care vom vorbi, de-acum, un an liturgic întreg.

M.M.: Ce concept este mai interesant? Dreptatea sau Adevărul?

P.C.N.: Mie mi se pare că aici se joacă, de fapt, mântuirea noastră, să-nțelegem spiritul, hai să nu-i zicem irenic, că-mi displace puțin termenul ăsta, că parcă în diplomație se potrivește mai bine termenul acesta spiritul irenic, cred că mai degrabă e un duh de adevăr și de dreptate. Dar adevărul și dreptatea nu sunt deasupra iubirii! Știi cum se zice: „Eu știu că am dreptate în ce-ți spun, dar, pentru că te iubesc, te las să câștigi din experiența ta această dreptate!"

M.M.: Ce frumos!

P.C.N.: Da, domnul Rațiu avea vorba aia: „Cred atât de mult în democrație, încât și dacă mă vor omorî pentru ceea ce cred, îi las, pentru că ăsta e jocul democrației!"

M.M.: Mi-ați zis la început că aveți zile sau momente în care vă simțiți ateu!

P.C.N.: În accepțiunea frumoasă a cuvântului...

M.M.: Desigur!

P.C.N.: De exemplu, să spun că mă șochează când mai aud câte o muzică simfonică sau când văd un pianist cântând, mă oftic, ce să fac? Or, invidia e de la atei!

M.M.: Dar dacă s-ar așeza la masa asta un creștin și un ateu, ce-ar avea să-și spună?

P.C.N.: O grămadă de lucruri. Mi-ar fi plăcut să-l cunosc pe Bertrand Russell[17], dacă

17 Bertrand Arthur William Russell, al 3-lea conte Russell (1872–1970), matematician, logician, filosof, epistemolog, om politic și moralist britanic. Considerat unul dintre cei mai importanți filosofi ai secolului XX (n. ed.).

n-ar fi murit între timp. Culmea ironiei, și-ateii mor! Nu m-ar deranja, nu m-ar deranja! Eu am experiența unui profesor de-ai mei care nu credea în Dumnezeu!

M.M.: Profesor de ce materie?

P.C.N.: De Științe Politice, într-o vreme. Dar, de fapt, era adânc înrădăcinat în Dumnezeu, noi nici n-am bănuit ce dramă a trăit omul ăla. Tatăl lui fusese preot, făcuse pușcărie politică, el își câștiga pâinea și-atât. Când ne-am dus să-l colindăm, avea acasă toate *Filocaliile* și niște ediții de Biblie incredibile... și-acum mă uit după ele. Ba mai mult, cânta perfect la vioară, a și devenit rectorul Conservatorului din Brașov între timp, sper să mă ierte domnul Dumitrașcu că-l pârăsc.

A fost cea mai frumoasă și explicativă imagine a omului pe care-l judecăm mult prea ușor, exclusiv după aparențe. De la el, nu mai judec niciodată pe nimeni sau, mai bine zis, și el a fost unul dintre cei care m-au învățat să nu judec pe nimeni după aparențe. O somitate! După aia m-am prins ce ne-nvăța el la Filosofie, după aia m-am prins că, de fapt, nu ne spusese nimic despre Marx, Engels, nimic, nicio iotă! M-am trezit eu, tâmpitul, să scriu undeva, în clasa a douăsprezecea, cred că, la o teză de CSP, ceva din „Comunismul, cel mai înalt stadiu al Socialismului" sau invers, „Socialismul, cel mai înalt stadiu al Comunismului", oricum, o carte a lui Lenin, că nu mai știu exact cum era. Mi-a dat 10, n-a zis nimic. Apoi m-a chemat omul să-mi spună că lucrarea nu avea atâtea pagini şi că, în niciun caz, nu era aşa exprimarea greoaie a ideologului.

M.M.: Dar un creştin şi-un musulman unde s-ar întâlni dacă s-ar pune la masa asta?

P.C.N.: Păi, la o fasole cred că se întâlnesc liniştiţi. În conceptul de *halal şi cuşer* se întâlnesc musulmanii cu mozaicii, cu care cred că ne-ntâlnim şi noi. Sunt multe lucruri în care ne întâlnim.

M.M.: Mai multe puncte de întâlnire decât cele care ne despart?

P.C.N.: Da, dar numai dacă suntem oameni, da! Întâi trebuie să ne păstrăm omenia. Atunci când devenim profiluri ideologice, nu mai este bine! Şi acum, ce vorbim noi cu anti, pro, de astea... sunt clar ideologizări. Adică nişte idei, ca să nu le spun nişte păsări într-o colivie, că-i pericol! Omul duhovnicesc e omul duhului. Ca om al duhului, n-ai prea multe opţiuni. Eşti al lui Hristos şi gata, punct!

M.M.: Dar dacă te-ai pune cu un budist la masă...

P.C.N.: Am stat, de câteva ori, am stat cu budiști la masă.

M.M.: Cum s-ar întâlni *zen*-ul cu *smerenia*? Pacea cu zen-ul?

P.C.N.: Păi cum să ai zen dacă nu ai pace? Acuma că-i zici altfel, nu mai are aşa de multă importanţă... Hai să-ţi povestesc asta, c-a fost simpatică tare întâmplarea. Am fost la un congres foarte important la Torino, la începutul Olimipiadei de Iarnă din urmă cu câțiva ani – abia acum îmi dau eu seama cât am îmbătrânit și mă rușinez.

Am avut de vorbit și dezbătut aspecte ale sportului incluse în viața duhovnicească. Am pornit de la *Filocalie*, veșmintele noastre asemuite unor veșminte de echipă națională, când stau preoții în sobor, avem toți același costum de luptă. Da? Am mai speculat eu pe-acolo, de ce să nu recunosc, dar au fost și subiecte din *Filocalie*. Musulmanul prezent, care era liderul mișcării musulmanilor din Torino, a fost foarte încântat de prezentarea mea, a unui Dumnezeu personal, viu, fain! Ei, după mine a venit unul care a vorbit despre „Dio Scimmia" – Dumnezeul Maimuță. Pfiuuu, i-a dat foc musulmanului! Musulmanul a tăcut ce-a tăcut și la un moment dat s-a ridicat în picioare: „Domnule, terminați cu blasfemia asta! Cum să-L faci pe Dumnezeu maimuță?" După această diatribă, se uită spre mine și zice: „Ortodoxule, vino să bem o cafea!" Adică el se recunoștea în mărturia mea, iar nu în mărturia ăluia! Și să știi că istoria asta a noastră de vecinătate cu Turcia, cu Imperiul Otoman ne-a învățat să fim mai atenți la ortodoxia și la creștinismul nostru! M-am gândit de atâtea ori ce punte de echilibru a fost toată zona asta din care facem parte, cea carpato-danubiano-pontică, ce rol semnificativ a avut pentru gândirea europeană și ce soluții strategice, uneori dureroase, au avut ortodocșii români de partea lor, în ciuda trădării celorlalţi. Eu încă-mi mai simt ţara trădată, să ştii!

M.M.: Spuneţi că în vremurile astea – aveţi naivitatea asta – să credeţi că orice om de pe planeta asta se aşază cu un alt om, oricât ar fi de diferiţi... şi s-ar putea înţelege?

P.C.N.: Da, fără îndoială! Fără nicio îndoială!

M.M.: Ce-ar trebui să cadă dintre noi?

P.C.N.: Nu trebuie să cadă nimic, culmea, că nu trebuie să cadă nimic, nu trebuie să cadă Dumnezeu dintre noi! Câtă vreme stă Dumnezeu viu, între noi, podul este... *podul de piatră s-a dărâmat,* ştii? *A venit apa şi l-a luat!*

M.M.: Pentru că dragostea nu cade niciodată!

P.C.N.: Niciodată, El e dragostea! Da, chiar nu trebuie să cadă nimic! Şi să-ţi mai spun un lucru: eram odată în tren, de undeva din Germania, şi trebuia să ajung la Viena. Noaptea, fetiţa unui musulman, care era cu mine acolo, în compartiment, a făcut febră mare. Eu aveam copiii mici în vremea aceea şi aveam la mine în geantă, oricum, pentru cazuri de urgenţă, medicamente, cumpărasem nişte antitermice pentru acasă.

M-am prins de ce are fetiţa febră, i-am cerut voie mamei – eu nu ştiu, nu vorbesc germană, decât aşa, la nivel de bază, dar norocul mi-a fost că doamna vorbea foarte bine franceză şi ne-am înţeles până la urmă. Şi i-am explicat: „Uite, am nişte antitermice şi pentru copiii mei, îţi pot oferi pentru fetiţă, hai să vedem cum reacţionează!" Într-adevăr, noaptea, femeia, fiind ruptă de oboseală, a adormit, căci venea de două zile cu ea, se întorceau la Viena, unde le aştepta soţul dumneaei. Doamna a adormit, iar eu am stat cu fetiţa. Am povestit câte-n lună și-n stele, era foc de isteaţă puştoaica! *Aishé*, ziceai că-i din poveştile alea cu Şeherezada! Când s-au trezit, fata era deja OK, îşi revenise. Ajungând pe peron, ne-am luat la revedere, ne-am salutat, eram în reverendă, cu cruce, c-așa am umblat mai tot timpul, acum, recent ce m-am mai prostit. Cărându-mi valiza, la un moment dat, văd un tânăr că vine spre mine şi zice: „Sunt tatăl lui Aishé, am venit să-ţi mulțumesc în numele Dumnezeului pe care-L reprezinţi!" Ăsta-i Nobelul meu pentru credinţă. Cum eu mă înclin oricând, în faţa oricărei persoane care merită asta, indiferent de religie! Eu am prieteni musulmani de calitate! Nasim ştie ce zic acum! Nu mai zic, am și prieteni evrei de foarte mare calitate.

M.M.: Ce fain...

P.C.N.: Cum se spune, lumea e făcută din noi, dar din noi, cei care au un Tatăl Nostru!

M.M.: Vă place poezia? Vă place Blaga?

P.C.N.: Blaga nu e poezie, Blaga cred că e puţin mai mult de atât!

M.M.: Pot să vă citesc ceva din Blaga?

P.C.N.: Cu dragoste!

Eu sunt creștin, deci nu pot fi decât fericit.

Părintele Constantin Necula

M.M.: Blaga are o poezie despre care pot spune că este poezia mea preferată! Se numește *Lumina Raiului*. Și scrie cam așa:

„Eu nu-mi am inima în cap,
nici creieri n-am în inimă.
Sunt beat de lume și-s păgân!
Dar oare ar rodi-n ogorul meu
atâta râs făr' de căldura răului?
Și-ar înflori pe buza ta atâta vrajă,
de n-ai fi frământată,
Sfânto,
de voluptatea-ascunsă a păcatului?
Ca un eretic stau pe gânduri și mă-ntreb:
De unde-și are raiul -
lumina? - Știu: Îl luminează iadul
cu flăcările lui!"

P.C.N.: Da, interesant!

M.M.: E foarte complicat Blaga ăsta!

P.C.N.: Trebuie să-ți povestesc... Blaga a atins cărțile astea care sunt lângă noi. Știi că el a fost student și la noi!

M.M.: Știu!

P.C.N.: Numai că nu și-a trecut în Curriculum Vitae experiența asta! Nici Cioran nu și-a trecut în Curriculum Vitae. Singurul care nu s-a rușinat că a ajuns un filosof de marcă și a trecut și pe aici a fost D.D. Roșca, un filosof celebru de la Cluj! Cred că la Blaga s-a întâmplat ceva!

S-a-ntâmplat ca dorința de afirmare să fie mai mare decât afirmarea dorinței!

M.M.: Adică n-a mai fost smerenie?

P.C.N.: Ceva s-a pierdut undeva pe drum, știi? În *Eonul Dogmatic* n-a făcut decât, cum ar zice un prieten de-ai mei foarte bun de la Aiud, *a dat cu zula la idei*! Se face că, în vremea aceea, Părintele Stăniloae traducea Maxim Mărturisitorul și chiar acolo era vorba despre eon.

A fost un conflict între ei doi, sunt convins că el a înțeles de unde vine și în ce parte pleacă Teologia! Cioran, dacă este să-l iubesc pentru ceva, și trebuie să mărturisesc că-l iubesc pe Cioran, este pentru tăvălirea lui pe jos că n-a-nțeles argumentul ontologic! Este cea mai mare rugăciune pe care un filosof o poate aduce înaintea lui Dumnezeu! Blaga, în schimb, s-a mulțumit cu puțin! Însă Blaga nu-i valoros prin el însuși.

Am citit de curând o carte a doamnei Petreu, de la Cluj, despre domni și doamne. *Soția* lui Blaga a fost absolut fundamentală! Eu cred până astăzi că ea a fost spiritul din spatele multor lucruri scrise de el. Se și spune că i-a transcris o parte dintre manuscrise, a gândit, l-a poziționat, l-a provocat, i-a mai pus și frână, atunci când a fost cazul!

M.M.: L-a și iertat...

P.C.N.: Da, da, corect! A fost, dacă vrei, ceea ce McLuhan avea să descopere, și anume că mediul este comunicare! Pentru iubirea ei, Blaga este iertat! Știi, pentru că el nu e singur! Iar ideea aceasta din poezia lui, cu flăcările iadului care luminează Raiul, să știi că mai c-aș zice că seamănă un pic cu cea enunțată de către Sfântul Simion, noul Teolog, atunci când vorbește că întunericul ce nu luminează îngăduie luminii să lumineze! Sau cu San Juan de la Cruz, cu „Noche oscura", care își scrie toată Teologia pe-o singură rază care pătrunde în întuneric!

M.M.: Mie-mi place foarte mult poezia asta pentru că-mi pune foarte multe întrebări. Nu e o poezie care-ți dă răspunsuri, nu e o poezie pe care s-o citești cuvânt cu cuvânt!

P.C.N.: Nicio poezie bună nu dă sau nu ar trebui să dea răspunsuri, să știi, ci să te facă să-ți pui și alte întrebări! Nici Goga, nimeni nu dă răspunsuri! Ardelenii, în general, poeții ardeleni sunt de-o rigiditate pozitivă...

M.M.: Sunt mai grei un pic!

P.C.N.: Da, sunt grei! Pică greu la stomac, unii chiar până-n zilele noastre!

M.M.: Nici dumneavoastră nu sunteți ușor!

P.C.N.: Nu știu ce să zic... Totuși, eu nu-s ardelean sută la sută!

M.M.: Dar sunteți fain!

P.C.N.: Sper! Și simplu!

M.M.: Și simplu! Și vă mulțumesc mult de tot!

P.C.N.: Eu mulțumesc!

M.M.: Vă mulțumesc tare mult pentru cuvânt. Aș vrea să vă întreb, și știu că n-o s-o spuneți, cu smerenia pe care o aveți, ca pe un adevăr absolut: de unde vine Lumina Raiului?

P.C.N.: Numai și numai de la Dumnezeu! Pentru că Dumnezeu e Lumină! Când zice: „Eu sunt Calea, Adevărul și Viața", spune: „Eu sunt Lumină!" A intrat Lumina-n lume, ne mai zice și Sfântul Ioan. Lumina care luminează-n întuneric, în cel mai mare dintre întunericuri... acolo e Dumnezeu! Eu am trăit-o pe pielea mea! O văd de mii de ori, luminând unde nu te-aștepți! Și mai cu seamă o simt, e o lumină cât se poate de iubibilă!

M.M.: Un text atât de simplu, de banal prin repetiție, dar atât de complex prin semnificație. Care este tâlcul rugăciunii capitale: „Tatăl nostru"?

P.C.N.: Parcă niciodată ca acum nu e nevoie de un text ca acesta, rostit de Domnul Hristos îndată după ce-i învață pe Apostoli să se roage. Pentru că deschiderea *Evangheliei* acesteia, rostite în Duminica numită a alungării lui Adam din Rai, este rugăciunea pe care noi o știm sub numele „Tatăl nostru".

Rugăciunea care ne scoate din rostirea păgână a nevoilor noastre, din care am făcut rugăciuni. Ne spune atât de simplu Domnul: „Când vă rugați, nu spuneți multe ca neamurile, că ele cred că în multa lor vorbărie vor fi ascultate." La vremea vorbăriei de acum, transferate în tot soiul de proiecte la care ne lăudăm că-L luăm părtaș pe Dumnezeu – deși știm că lumina nu are părtășie cu întunericul –, descoperim că nu simpla rostire este temei de rugăciune. Așa cum nu ne-mâncarea este rostul de preț al postirii. A te ruga și a posti – la prezentul absolut – rămân legate de alte „verbe" ale mântuirii. Pe acestea ne ajută Mântuitorul să le identificăm și să le trăim, ca daruri și ca semne ale omeniei noastre. Cuvintele acestei rugăciuni le rostim în fiecare zi, iar în ritualul Bisericii sunt rostite în fiecare ceas ori context. Nu există în fond rugăciune particulară ori de cult fără ca în ea să nu audă tonul rugăciunii dăruite de Domnul nouă, Rugăciunea Domnească *Tatăl nostru*. Și cuvântul-cheie rămâne legat de iertare. De iertarea aproapelui ca fundament al iertării noastre. De iertarea aproapelui drept iertare a noastră propriu-zisă.

M.M.: Ușor de spus, teribil de greu de realizat...

P.C.N.: Sunt atât de grele de har cuvintele rugăciunii ce tocmai îi învățase pe ucenicii Săi Domnul, încât Acesta simte nevoia să le explice. Pentru omul legământului nu exista iertare. Nu exista o teologie a iertării în Vechiul Legământ. Existau conflicte, bătălii, ruperi ale lumii iudaice în partide și interese. Existau boli incurabile și morți. Exista nădejdea venirii unui Mesia. Și promisiunea unui Rai pierdut, tot mai în urma istoriei poporului ales. Și exista această teologie a lui Israel ca popor ales, care poartă în măduva sa spirituală Legământul dintre Dumnezeu și

Avraam. Semn în carne. De aceea multe ale cărnii erau ținute cu strictețe strașnică. Dacă ai curiozitatea să citești poruncile legate de viața comunitară ori de viața spirituală a poporului ales, vei identifica multe restricții crescute din nevoia mediului de viață propriu-zis, din nevoia ca poporul să fie organizat și protejat sanitar. De bază însă rămâneau cele cuprinse în *Decalog*. Din ele decurg – în funcție de orientarea religioasă pe care o dobândeai, de „partidul" religios la care te afiliai în timp, un soi de confesiuni de astăzi ori fracțiuni confesionale – legi și comportamente.

Domnul Iisus Hristos știe bine cui vorbește. De aceea aduce toate preocupările la un numitor comun: Dumnezeu-Tatăl! Îl reașază pe Dumnezeu-Tatăl în centrul adorării, închinării. De aceea afirmă în mod repetat că a venit să plinească voia Tatălui. Iar voia Tatălui vădită în aceste versete este iertarea, una dintre trăsăturile de caracter comunitar care, remarcăm cu fiecare clipă, nu ne prea înnobilează nici pe noi azi.

Exercițiul de teologie a iertării pe care ni-l propune Hristos este simplu. Iertarea e legată de Tatăl nostru cel Ceresc și de forța noastră de a identifica și a ierta greșelile aproapelui. Pentru că nu poți face pe iertătorul, nu-i așa, dacă inventezi greșeli pe care să le ierți. Ci mai întâi trebuie să ai discernământul atent al identificării greșelii care trebuie iertată. Nu. Domnul Hristos nu ne cere să iertăm oameni, ci greșeli. De unde minunata spusă a Sfântului Ioan Gură de Aur: „Urăsc păcatul, dar iubesc pe păcătos." De departe cea mai grea misiune a inimii unui om credincios. Domnul Hristos leagă iertarea de postire și identifică modul în care ea rodește. Postul omului iertător este plin de bucurie, de sens, de lumină. Fățărnicia nu ține loc de față, așa cum surogaturile sincretiste nu țin loc de Dumnezeu. Postul în tainița inimii – pe care-l recomandă Domnul – nu înlocuiește postul cu reflecție publică. Îl adâncește în rădăcina de Rai a ascultării: a nu mânca din pomul cunoașterii pentru a păstra roada nemuririi, vieții veșnice. Pentru că Dumnezeu refuză să fie altfel sfințit numele Său, în lipsa acestui angajament al sufletului pentru mântuire. Nu te poți angaja întru mântuire decât în linia acestei postiri de carnea aproapelui tău pe care, altfel, l-ai sfâșia pentru greșelile reale ori închipuite în care îți poți scălda uneori propria răutate.

M.M.: De aceea este important Postul?

P.C.N.: Pentru aceasta insistă Mântuitorul pe adevărata comoară a postirii: vederea în ascuns de către Tatăl nostru cel Ceresc a nevoinței noastre în postire. În îndepărtarea de ispitirea din mâncarea roadei binelui și răului și apropierea de săturarea cu rodul veșniciei. Această nădejde este comoara pe care nici furii și nici molia și nici rugina nu le pot fura, săpa ori strica. Pentru că ea este mereu în lumina privirii tainice a Tatălui. Care străbate până în inima noastră. De aici și îndemnul pe care-l primim de la Matei: „Unde este comoara ta, acolo va fi și inima ta!” Problema furtunii de vorbărie din zilele acestea se vădește a fi nu necurăția inimii ori toxicitatea cuvintelor înveninate aruncate pe piața de nonvalori a vieții noastre publice. Ci lipsa de inimă. Nebunia unei comori care se ia rapid de la noi: ratingul! Care chiar nu mai contează în mai puțin de 24 de ore. Uneori, nici câteva minute. Încerc să înțeleg de unde vine răutatea care izvorăște din textele și atitudinile noastre. De unde această lipsă de onestitate în raport cu inima aproapelui nostru? Oare din faptul că ne maimuțărim mereu rugăciunile și postirea și încercăm mereu să facem totul cu gălăgie și tonus paralizat de aroganță? Dacă e așa, să ne ierte Dumnezeu și să ne ajute să ne recăpătăm inima. Locul în care Dumnezeu privește în taină postirea noastră. Duminică seara în chinoniile creștine se cere iertare. Unii de la alții, oamenii se binecuvântează, iertându-se. Încercăm? Putem oare să iertăm înainte de a ne duce și de a nu mai fi decât ceea ce am iertat?

M.M.: Vorbind despre iertare. Un alt concept extraordinar de complex!

P.C.N.: Cred că iertarea e după inima fiecăruia. Chiar nu avem de-a face cu modele ori rețete. Iertarea, ura sau iubirea, trec prin venele noastre de conștiință. Cred că iertarea are în conținutul ei și un adânc de conținut, exigențele sale. Fiecare le stabilește la scara propriei gândiri despre viață și moarte. Personal, am primit lecții de iertare de la cine nu m-am așteptat și am ratat iertări la care n-am fost atent să am răbdarea primirii. Iertarea nu e un tonomat. Nu este un mecanism simplu, automat și rigid. E o chestiune de morala inimii deschise spre Rai. Dar, personal, nu cred că ea poate să fie activată doar de emitent, fără ca recepţia să nu primească stimul şi fără să ofere stimul. Cum cred că, în căsnicie, uneori „te iubesc" face să fie extrem de important „te iert". A iubi înseamnă şi a ierta. Nu în orice condiţii „a ierta" înseamnă „te iubesc".

M.M.: E bine să cerem iertare chiar dacă nu suntem noi cei care săvârşim greşeala?

P.C.N.: A cere iertare are sens întotdeauna. Uneori, e nevoie de timp să te prinzi că greşeşti ori măcar să vezi o parte din acţiunile tale. Cele urâte tare se cer rezolvate pe loc. Cele care au nevoie să se vădească a fi greşeli pedagogice, de creştere. Un exemplu ar fi judecarea părinţilor de către copii la momentul în care cei din urmă cred că le ştiu pe toate. Trecem toţi prin modul acesta de autonomizare prin refuz. E interesant că ne prindem greu că am greşit. Uneori, părinţii mor cu gândul că ei ne-au iertat, dar noi nu ne-am obosit să le cerem iertare. Are sens însă a cere iertare prin comportamentul nostru cu propriii copii.

M.M.: Ne-am pierdut abilitatea, puterea de a fi noi, de a spune ce simţim cu adevărat? Mai putem să iubim?

P.C.N.: Spuneţi-i-o celui pe care îl iubiţi, căci nu pierdeţi nimic – dacă nu vă iubeşte şi nu-l interesează, va spune: eşti liber/ă, nu mai pierde timpul! Într-o relaţie de iubire, cel mai preţios element este timpul. Nu „because time is money", ci pentru că timpul este ireversibil. Este laşitatea mai gravă decât cruntul adevăr? Crezi că iubești, dar nu ești sigur, și, de teamă să nu rănești persoana despre care crezi că te iubește, eviți să-i spui adevărul...

Fii atent cum o complicăm noi, Mihai: Maria îl iubește pe Gheorghe – doar se vede pe ea, Doamne, iartă-mă! O femeie, când iubește, își schimbă ținuta, ridică sprâncenele, se uită înainte, e luminoasă. Nu poți să iubești și să-ți pută gura, decât dacă ești bătut în cap! Se schimbă ceva în atitudini. Gheorghe vede asta, dar el e parșiv, pentru că, în timp ce iubirea femeii este dăruire absolută, iubirea bărbatului e ca ecluza, mai ia o țâră, mai trăiește un pic, o mai deschide, mai folosește puțin, că ăsta e sistemul – n-ai ce-i face! – scurtcircuitării adamice. Și, la un moment dat, fata asta emite, prin toți porii, dragostea ei. Îi zâmbește, numai nu-i duce cafeaua, supița, ciorbicuța, biletul de film – băi, nărodule, hai odată! Ăsta, nimic! De ce? Pentru că iubirea se mărturisește prin cuvinte! Ca nerodul să priceapă, trebuie să-i scrii cu majuscule: „Bă, te iubesc și când ești prost, că de aia te iubesc!" Este însă valabil și invers.

M.M.: Când se iubesc mult, oamenii tind să se căsătorească. Ce se întâmplă totuși când se termină iubirea aceea care i-a unit la început? Ce se întâmplă dacă, pe lângă cei care au pornit pe drumul acesta, apar și copii?

P.C.N.: Din nefericire, divorțurile care intervin în familiile cu unul sau cu mai mulți copii sunt adevărate răstigniri. Să nu uitați nicio clipă că, în sine, căsnicia, de la început, nu este o alternativă la divorț, iar divorțul nu este alternativă la căsnicie. Vi se va spune la căsătoria civilă: „Constatând că formalitățile au fost îndeplinite, vă declar soț și soție. Acceleratul 355 de la Arad în direcția Timișoara". Știți? Adică aberație! Căsătoria nu ține de o formalitate, ci ține de o unitate de cuget și de ființă și, când zic ființă, exact așa să o înțelegem! Eu am mai spus-o și în alte rânduri, înțelepciunea Bisericii, prin Taina Sfintei Căsătorii, așa cum se slujește ea în Biserică atunci când părintele nu o fușărește de dragul bucatelor care urmează după cununie, este lecția cea mai deplină a faptului că nu avem scăpare din căsnicie. Da! E ca în cântecul cela popular: „Ah, mândruță, ce te-aș bate, dar mi-s mâinile legate cu fir roșu de mătase, de mătase neagră, nu te pot bate de dragă." Adică dragostea ne leagă, nu ne dezleagă. Plus că eu cred că femeia depășește bărbatul. Când se mulțumește doar să-l egaleze, îmi pare că pierde perspectiva. Mă întreb mereu dacă urletul unui șef de multinațională pentru a împlini targetul zilei e mai important decât surâsul cu miros de lapte al pruncului. Fără ca această întrebare să trimită femeia la cratiță. E un duh de ocrotire ce face din femeie scară spre cer. O fragilitate plină de forță. Căsnicia este o răstignire unul în fața celuilalt. Asta este! De la început, se cântă: „Sfinților mucenici", nu se cântă: „Beți, mâncați, veseliți-vă, faceți copii și, când nu vă mai convine... eh, salut! Pa!" A-ți iubi soția înseamnă a pune pamperși copilului, a spăla vasele, WC-urile, inclusiv dacă eşti popă, că nu îţi cade nicio mână. Popa-i popă de la uşă încolo. În casă, e părintele copiilor săi şi soţul soţiei sale, deci trebuie să ştie măcar să spele vasele din când în când.

Divorţul nu este acceptat de Biserică decât cu o singură motivaţie – aceea a preacurviei celuilalt. Atunci există un motiv, deşi nici acesta nu este întotdeauna suficient pentru desfacerea căsătoriei. În rest, pentru aerele noastre, mai e de lucru. Eu trăiesc, din nefericire, drama de a vedea foarte multe familii divorţând de prea mult bine. Sau de prea mult alcool. Atingerea mea de partea aceasta, de lumea alcoolicilor, m-a îngrozit de-a dreptul şi, efectiv, cred că numai Dumnezeu poate să facă minuni în astfel de situaţii. Biserica oferă totuşi o portiţă de scăpare, aceea a celei de-a doua căsătorii, care, de fapt, nu mai e o taină, ci o slujbă de mângâiere pe cap, de sprayere. Nici nu ştiu cum să-i zic, e un fel de „nu vă lăsăm singuri". Şi aici nu mai pot face gesturi din astea de maimuţă, că nu e o chestie de maimuţăreală. Biserica spune, deci, prin a doua căsătorie: „Nu vă las singuri în arşiţa zilei. Vă pun deasupra capetelor voastre o mână, să vă umbrească. Trebuie să învăţaţi să o folosiţi. Trebuie să învăţaţi să aibă rost în vieţile voastre."

M.M.: Peste ce nu puteţi trece totuşi?

P.C.N.: Nu sunt, în niciun caz, de acord cu a rupe până la capăt sufletul celuilalt doar ca să-mi fie mie bine. Şi spun asta nu neapărat în raport cu soţia mea, ci în raport cu toţi ceilalţi despre care ştiu că sunt tot timpul în certuri. Noi ne căsătorim ca să fim dușmani – cam așa gândim noi în societatea actuală. Țineți mine: cum în Biserică nu există carierism sau șomaj decât pentru tembeli, așa nici în căsnicie nu există carierism și nici șomaj.

În familie, toți suntem una și una suntem toți. În momentul când apar socoteli din astea: „eu am dat, tu n-ai dat, tu ai zis, eu n-am zis", deja e gata! Acelea sunt primele semnale și e bine să reacționați de îndată ce apar. Să vă adresați, în primul rând, lui Dumnezeu și, apoi, unor oameni care să vă poată ajuta.

M.M.: Am putea privi problema dintr-un alt unghi? Sunt prea dure regulile ortodoxiei?

P.C.N.: Creștinismul nu are voie să-și piardă blândețea și cumințenia, nu are voie să jignească ori rănească pe cel pe care îl socotește în afara normei sale morale, dar nici să admită drept morală imoralitatea. Eu simt că singurul izvor de curaj rămâne Sfânta Liturghie, dragostea duhovnicului pentru mântuirea mea și iubirea familiei, mici și mari deopotrivă. Ce pot spune este că pe măsura responsabilității simt și creșterea puterii Harului Mântuitorului în viața mea. Poate că pentru unii creștinismul este o simplă ecuație în care câștigă mereu. Pentru Ortodoxie, mântuirea este o permanentă luptă cu sine, cu neputințele, încurajat mereu de Harul lui Dumnezeu. La început de post, să desenăm o linie. Să punem punctul cam pe unde suntem, e o chestiune de curaj și de asumare a libertății. Asta înseamnă să posteşti. Să înţelegi pe unde mai eşti ca om. Ţin să-i învăţ pe tinerii mei colegi că viaţa în Hristos este ţinta vieţii creştine, o viaţă care are nevoie să crească şi sufleteşte, şi intelectual. Creştinul are în cultura sa o structură de aristocrat cultural, academic. Mai nou căutăm soluţii pastorale, citim cărţi incitante pentru rigoarea informaţiei, trăim o studenţie legată de Bibliotecă şi Catedrală.

M.M.: Mai crede lumea în Dumnezeu? Mai vin astăzi oamenii la biserică?

P.C.N.: Vin mulţi. Vin şi pentru că au nevoie de linişte, vin pentru că au nevoie să recunoască măcar undeva dacă sunt fericiţi sau nefericiţi, vin într-un loc în care să-şi atârne măştile de un cui care nu trădează. Suntem într-o lume a măştilor, acesta este adevărul. Oamenii vin să spună adevărul, să se simtă liberi şi să o ia de la capăt! Dar ce are în plus spovedania? Este simplu, măcar finalul ei: „Iar eu, nevrednicul, preot şi duhovnic cu puterea ce îmi este dată, te iert şi te dezleg." Spovedania nu este o ştiinţă. Ştiinţa identifică problema, o analizează, o aşază în raft, dar nu are soluţie, pe când spovedania este soluţia la marile probleme ale lumii. De aceea, teologia spun eu, este un fel de metaştiinţă, un pic mai sus decât ştiinţa.

M.M.: Ce să facem când cineva înjură Biserica?

P.C.N.: Ce să facem? Să-l iertăm! Biserica este hulită şi de aici se naşte „antivirusul"! Îmbunaţi-vă inima, înmuiaţi-o, ca în ea să poată locui Hristos! Iar invidia se naşte din neputinţa de a recunoaşte că vrei mai mult. Recunoaşte că vrei mai mult şi trage mai tare! Şi fii „invidios" pe Hristos, pe sfinţi: „Ce frumoasă-i Maica Domnului! Vreau să fiu ca ea!", „Ce frumoasă-i Sfânta Parascheva, vreau să fiu ca ea!"

M.M.: Cu toate astea, de ce este aşa de blamată Biserica în ultima perioadă?

P.C.N.: Pe Dumnezeu nu-L iubeşti fără să ştii că El o face dintâi. Şi aici, în incredibilul Său act de iubire, e picătura de înfricoşare care te derutează. Cum se teme iubita de prea mare iubire ce-i dăruieşte cel iubit – cum ar spune Sfântul Grigorie de Nyssa. Ştii de ce lumea modernă, superficială, este axată pe a scoate frica în ochii noştri din tot ce înseamnă Biserica? Pentru că habar nu are că „a iubi" înseamnă „a te lăsa iubit". Ascunde iubirea în teorii de tot râsul raţiunii şi apoi zăngăne drăgălăşenii pe temă. Şi fac vinovată Biserica de imposibilitatea lor de a iubi. Mie nu-mi este frică de Dumnezeu. I-am descoperit marea iubire ce ne-o poartă. Sunt entuziasmat de Dumnezeul Slavei! Nu cer niciodată să mă înţeleagă nimeni. Şi atunci când sunt stingher, în bucuria asta e tot cea mai mare bucurie de pe lume. Biserica e făcătoare de pace şi un preot care-şi pierde calitatea aceasta de făcător de pace nu este preotul lui Hristos. Este preotul unor interese obscure, înguste, al unor interese care nu vizează Împărăţia Cerurilor. Colegilor mei preoţi le zic aşa: „Încercaţi să nu trageţi de oameni spre credinţă, asta-i important! Oamenii au nevoie să înţeleagă, au nevoie să le explicaţi! Fiţi oameni! Noi nu suntem sfinţi, altfel am fi pictaţi în biserică, pe pereţi, nu ne-am afla aici. Încercaţi să le spuneţi celorlalţi cât de importantă este credinţa, dar fără să vă bateţi cu cărămida pe piept pentru asta! Încercaţi să nu transformaţi Biblia în aparat de decapitare pentru ceilalţi. Oferiţi-le şansa de a vedea ce este Biblia, *şi* nu ceea ce interpretează cineva din ea. Învăţaţi că dincolo de cuvintele noastre e Biserica, că suntem ai lui Hristos, că El e lângă noi acolo, e colegul nostru de bancă, cel cu care frângem sandviciul pe care nu-l avem, cu care reuşim la examenele pe care nu le luăm... Cel mai important examen din viaţă este Hristos!"

M.M.: Când învăţăm cel mai mult şi cel mai bine? Cum facem să câştigăm la capitolul „viaţă"?

P.C.N.: Cele mai mari biruinţe vin din eşecuri. Indiferent de cât de mult şi de aplaudaţi sunt copiii de nota 10, ei nu vor ajunge nişte profesionişti excepţionali niciodată. V-o zice unul care a avut 10. Ceea ce îţi trebuie în viaţă ca să mergi mai departe nu este ceea ce se poate cuprinde între coperţi, ci între coperţile de carne ale inimii. Curajul ăla nesăbuit de a încerca să schimbi lumea. Nebunia de a încerca să treci noaptea citind o carte până la capăt. Dorinţa fantastică de a nu te lăsa dus la şcoală, că ţi-a picat cu tronc o revistă sau un exerciţiu. De fiecare dată conştientizez că numai cei ce ştiu să îşi piardă nopţile corect îşi câştigă zilele corect. Nu renunţaţi la a avea emoţii atunci când aveţi ceva de făcut, ci transferați emoția în a face bine ceea ce aveți de făcut. Învățați să înțelegeți că e important să vă trăiți viețile. Înfruntați emoțiile și Hristos nu va sta cu spatele la voi niciodată! Viața noastră e făcută să biruim! Iar când aveți senzația că v-ați îndepărtat de Dumnezeu, e simplu: mergeți după Hristos! Faceți-I cu mâna și El vă vede! De fiecare dată, Hristos este acolo! Nu ați remarcat că în toate icoanele ortodoxe Hristos este doar cu fața la noi? Dacă vreți să rămâneți de partea Mântuitorului Hristos, nu judecați! Un creștin plictisit e un creștin ratat. Fiți mai apropiați de lucrurile cu adevărat importante! Când vă plictisește ceva, schimbați direcția de dezvoltare!

M.M.: Revenim la Marshall McLuhan, pentru că l-am invocat de câteva ori pe parcursul acestei discuții. S-a diluat mult esența, cu atâția stimuli cu care suntem bombardați zilnic?

P.C.N.: Trebuie să ne concentrăm pe icoane, nu pe ecrane de televiziune. Pe cuvinte, nu pe vorbărie. Pe rugăciune, nu pe bârfă, nu pe ură, nu pe minciună, nu pe delațiune duhovnicească. Pe ce ne-a dat Hristos mai de preț: așteptarea Învierii. Postim pentru că așteptăm să ne întâlnim cu Domnul Cel înviat. Nu postim ca niște oameni înfrânți. Nu postim, dacă vreți, cu brațele coborâte a umilință și a înfrângere, ci postim ca niște oameni curajoși, ca niște oameni care știu că Îl au de partea lor pe Domnul Hristos.

În lume știm că sunt ispite, ca și în viețile noastre, dar Dumnezeu ne vrea îndrăzneți în postire. Pare cam „demotivant" Hristos într-o lume care ne spune: „Cumpără cât mai mult, să ai cât mai mult, calcă tot în picioare, zdrobește..." Mântuitorul ne spune că El e viu și că a fi lângă Hristos înseamnă a te lepăda de anumite lucruri pentru a putea să-L descoperi pe El. Închide iphone-ul și spune-i celuilalt că-l iubești. Întinde mâna colegului tău și spune-i că el contează pentru tine, nu suntem o generație de oameni care stau doar „spate în spate". Hristos ne spune: „Întoarceți-vă cu fața către Mine, sunt Singurul Care poate să vă dea demnitatea și bucurie vieții voastre." Lângă Hristos, aceasta este libertatea! Să învățăm că suntem apa cea vie din Biserică, luând din tot ceea ce înseamnă Biserica. A fi ortodox nu e un handicap, nu e o rușine, nu e o dezicere! Plus că nu strică pentru copii să ia note bune la fizică, la mate, la chimie, să arate că pot!

M.M.: Care este cheia duhovnicească pentru o viață mai simplă, mai curată?

P.C.N.: Să ne oferim timp și răbdare ca oameni. Nu suntem, slavă Domnului, roboți. Avem nevoi și printre acestea există și nevoia de rugăciune, de liniște, de cultură și har. Or, pentru acestea toate suntem chemați să ne odihnim în darul iubirii lui Dumnezeu. Ne rugăm ca o alergare, alergăm ca într-un ritual. Cheia fiecărei zile este: „Iartă-mă!" E cea mai scurtă rugăciune pe care o putem adresa lui Dumnezeu. Dacă doar înșirăm cuvinte, nu reușim nicicum comuniunea cu El, care este Izvorul iubirii și al iertării. Prea des reducem totul la trupesc, la ceea ce vedem. Or, viaţa are şi o parte nevăzută, fundamentală, vie. A merge la Liturghie e una, a trăi în Liturghie e alta. Importantă nu este doar alergarea, ci şi direcţia ei. Alergăm deseori anapoda, nu spre locul unde ne aşteaptă Hristos să ne încununeze. Cred că e ispita vremii de acum.

M.M.: Şi care-i întrebarea pe care încă v-o mai puneţi, întrebarea la care aţi vrea să găsiţi răspuns curând?

P.C.N.: N-am nicio întrebare de pus.

M.M.: Nu?

P.C.N.: Doar mulţumire lui Dumnezeu, sub forma unei întrebări! *De ce mie, Doamne? De ce mie? De unde mie cinstea aceasta?* Să intre la mine Dumnezeul meu! Eu sunt un prăpădit, sub acoperişul casei mele nu sunt vrednic să intri! Dar să ştii, că mi-o pun Liturghie de Liturghie! Când se aşază Hristos în palmă, acolo, la Dumnezeiasca Împărtăşanie, o simt mai abitir decât oricând, chiar dacă pe dinafară par liniştit, mă nelinişteşte cumplit! Nu nouă, Doamne, nu nouă, ci Ţie se cuvine toată slava! Şi n-o zic ca un iezuit, ci o zic ca psalmistul! Şi-am extras din cuvintele acestea enorm de mult! N-am întrebări pentru Dumnezeu! Şi cu atât mai mult, n-am nici răspunsuri pentru Dumnezeu! Are Părintele Iosif Trifa, cel care a înfiinţat *Oastea Domnului*, o vorbă faină tare: „Nu sunt decât un pitic la moara Duhului Sfânt!" Atât! Restul? Resturi!

M.M.: Vă tare mulţumesc!

P.C.N.: Eu mulțumesc frumos! Uite, să-i rugăm ceva pe cititorii noștri!

M.M.: Vă rog!

P.C.N.: Decât să priviți moartea-n ochi și să vă fie frică de ea, mergeți și priviți-L pe Hristos în ochi, ca să nu vă cuprindă frica niciodată!

M.M.: Părinte Necula, ce este *fericirea?*

P.C.N.: Deseori, tinerii din școli de diferite niveluri mă întreabă ce este fericirea. Nu mi-e rușine să spun că nu m-am gândit niciodată ce este, ci cum să o dobândesc. Cred că, multă vreme, cel puțin până în armată, nu m-am întrebat niciodată nimic despre fericire. Mă bucuram enorm de fiecare clipă. Ca de un gol la fotbal? Nu. Ca de un gazon în care se alintau flori albe, atinse de zori. Chiar pierind sub crampoane respirau frumusețe. Îi întreb și eu dacă știu să-mi spună ce e fericirea. Și ei râd la fel de stângaci. Nu cred că suntem făcuți doar să dăm definiții, cât mai ales să trăim nedefinita taină a vieții și a morții. Nu cunosc provocare mai mare decât acesta a desprinderii din definire. Prea le vrem pe toate la rând, etichetate, cu lipituri de preț. Or, desenul vieții e mult mai complicat. Simplu. Dar complicat prin ancorările în simetrii. Adeseori, trăim doar prin comparație. Căutăm să lămurim dorințele noastre doar prin raportări la ceilalți, la manualele de utilizare ale vieții pe care ni le livrează gândirea altora. Adevărata libertate, am aflat, este aceea de a-ți scrie propriul manual de fericire. Fără a atenta

Dar cine e El? [...] E Cel care rămâne în tine atunci când nu mai e nimic și poți simți că ai totul. E Cel care, atunci când te golești, te face să te simți prea-plin. E Cel pentru care merită să trăiești. E Cel care ești.

Mihai Morar

la bunul-simț al normalului și fără a te lăsa rănit de indiferența răutății din jur.

M.M.: La final, o singură întrebare: sunteți fericit?

P.C.N.: Eu sunt creștin, deci nu pot fi decât fericit. Creștinul e acela care împlinește... fericirile! Preoția este o stare de fericire, uneori grea, amară, dar cine trăiește cu Hristos nu poate fi decât fericit, pentru că nu e fericirea omului, ci este Fericirea deplină!

Postfață

A AVEA SENS

De când am stat cuminte să-i aud pe cei mari mă întreb: ce înseamnă să ai sens? Ce vrea un om în toată firea când spune că vrea sens? Sensul e legat, cel puțin în mintea mea, de o cale. De cineva care să te ajute să afli calea și sensul. În cartea pe care tocmai ați răsfoit-o – inscripție de-acum pe fibra celulozei – suntem doi prieteni ce abia ne văzuserăm. Și aveam multe să ne povestim. Ne știam doar din vorbe, prieteni, atitudini. Din sens. Din modul de a ne trăi sensul vieții nu fără Dumnezeu. După aproape doi ani de Teologie am dat de o broșură, altminteri, editorial vorbind, obscură: *Sfântul Serafim de Sarov, Convorbiri cu Motovilov.* Acolo, după ce minunatul ucenic ascultă vorbind pe strașnicul Stareț Serafim, cel dintâi întreabă: „Care anume este sensul vieții creștine?" Iar Bătrânul răspunde: „Dobândirea Duhului Sfânt!" Scurt. Imens de mult. Un adânc de necuprins cu mințile noastre, deseori obosite tocmai pentru că nu mai avem ori trăim refuzând prezența Duhului Sfânt în viețile noastre. Din inima noastră alungând parcă ploaia de har ce face să rodească în noi virtuţile creştine. Nu suntem perfecţi, îndrăznesc a spune, nu suntem perfecţi deloc. Dar merită, uneori, să ne oglindim unul într-altul fără farafastâcuri ieftine, fără răutăţi inutile. În mod firesc, adică îndrăznind binele.

De aceea sper că textul dăruit de noi spre Voi e mai mult decât o simplă scriere. Suntem noi. Doi prieteni cu o conversaţie povestită Vouă. În spatele nostru, se afla Biblioteca Mitropoliei Ardealului – azi asumată în Biblioteca Universităţii „Lucian Blaga" din Sibiu –, ca un golf de viaţă. În fond, aici au călcat Părintele Dumitru Stăniloae ori pleiada de studenţi sibieni ajunşi mărturisitori ai lui Hristos. E locul în care Cioran, Blaga ori D.D. Roşca şi-au ales cărţile din care să ne încânte ori descânte. Aici poate fi găsit oare sensul vieţii? Pentru cei care cred în sensul culturii, fără nicio îndoială. Pentru că din lamelele-rafturi pline de cărţi au ieşit nu doar cărţi, ci şi oameni. Cărţile nasc oameni, aşa cum oamenii nasc cărţi sau măcar le moşesc. De aceea sensul vieţii vine spre tine, ca om, cu forţa unui foc lăuntric care lămureşte cine eşti şi mai ales încotro te îndrepţi.

Un soi de emoţie ne-a însoţit toată conversaţia. Citind în glasurile noastre suportul de care aveţi nevoie să fiţi liniştiţi, să puteţi gândi, să puteţi dărui din gândul vostru liniştit. Pentru că avem nevoie unii de alţii să ne reconstruim România liniştită, nemincinoasă, care nu primește avansurile celor care nesocotesc demnitatea, virtutea și curajul de a rămâne om. Am descoperit, pe rând, corzi din sufletele noastre. Nu putem alcătui decât o zongoră[18] de maramureșeni vorbăreți – veți spune – și noi știm asta bine. Undeva în adâncul rostirii noastre din discuția noastră stă liniștea soarelui apunând peste Gutin ori liniștea stâlpilor de poartă din Maramureșul ce-și curge istoria pe Valea Marei, a Izei, a Vișeului ori a Tisei. Chiar dacă nu pare, oricât ne-am moderniza, în vâna noastră de gând șade câte un glas de ape ce ne-a călăuzit strămoșii spre Cer. Nu. Nu suntem cei mai minunați martori ai vieții de acolo, de dincolo de granița vederii orășenilor tupilați pe după Facebook. Ci avem doar nădejdea că nu am uitat tot. Fântânari cu voia lui Dumnezeu în câmpiile de miresme de măr înflorit ale Țării. Și ăsta este tot un sens...

Poate că părem superficiali – mai ales eu –, dar trebuie să spun că sunt tot mai obosit de strepezeala de vorbe în care ne-am pierdut cuvintele. Și privirile care caută prieteni adevărați. Și, când din nebunia lumii afli loc de respiro, simți că tot ce construiești în inima ta ține de veșnicie. Este veșnicie. Pentru că deseori m-am întrebat, nu doar în anul pandemic care încă nu se dă plecat, de unde nevoia de motivație a unei lumi care îl refuză pe Hristos drept motivație. Ce poate fi mai mult decât El? Un Dumnezeu întrupat de dragul motivării noastre

18 Cobză, chitară (n. ed.).

în sfințenie ne este insuficient. Atunci ce anume, care anume din motivațiile lumii ne-ar putea fi folositoare vieții, morții, Învierii? Și sperăm ca și aceste gânduri ale noastre să vă ajute.

Am descoperit apoi că viața are sens unic. Oricum am încerca să o fentăm, nu putem să o depășim decât prin propria cale asumată. Asumare. Cuvânt la declinarea uitată de toți și de toate din jur. Poate că de aici pornim redresarea sensului ce ne ține vii, din teribila asumare a vieții. A nu da vina pe ceilalți, a nu căuta pete în soare și – cu atât mai mult – în Soarele dreptății care este Iisus Hristos. Am descoperit, cu ani în urmă, că sensul vieții nu e dat de împlinire cât de jertfă, de modul de a descoperi în fratele tău temelia sensului tău. O zice și Ioan Colov, un strașnic Avvă de Pateric, dar o spune, cu subiect și predicat, și Socratele euharistic al României, Petre Țuțea. A face din fratele tău motiv să suferi nedreptatea lui atârnată de Crucea lui Hristos devine un soi de exercițiu de admirație la adresa propriului tău popor. Am descoperit toate acestea văzând, ascultând, trăind. Admirând jertfa reală a oamenilor pentru a nu-și pierde omenia.

Poate că nu veți simți neapărat această admirație la Jertfă din dialogul nostru. Poate că e doar o co-dominantă a poveștii noastre, dar trebuie să mărturisesc că singurul mod în care am învățat despre conținutul Golgotei a fost această adâncire în cunoașterea suferinței celuilalt, fratele meu. Așa am străbătut și Piteștiul, și Jilava, și Râmnicul Sărat, și Aiudul, și Gherla, și Sighetul... Așa m-am așezat în rugăciune la Auschwitz ori Birkenau, Dachau sau, mai aproape, Lidice. Așa am aflat că fără rezistența la nenorocita dictatură a răului nu e binele impersonal, realizat prin donații și strângere de fonduri, ci Binele real, cu nume și prenume, care apără lumea de rău. Taina aceasta este greu de purtat și poate să îți schimbe modul de a fi, învățându-te că a fi creștin e pe viață și pe moarte. Pentru că nu există Înviere fără încercarea morții.

Aud foarte des că e grea viața pe care o trăim, că trăim momente dificile. Ele sunt pe măsura necredinței noastre. O pandemie oarbă, fără vuietul bombardierelor și fără focul exploziilor. O pandemie șuierătoare a moarte și atât. Care nu dă semne și seceră. Dizarmonic. Cum nu te aștepți. Cum nimeni nu se așteaptă și cum ea surprinde prin cuprinderea neașteptată. O curgere de ură și prostie inegalabilă în istorie. Cum rar afli în istoria, și așa nu prea lungă, a unei Românii tinere, nu foarte mature. Un val de răutate în contrast cu bunătatea vremurilor, în care ne-am redescoperit plimbările, tăcerile, liniștirile de urâtul lumii. Și poate, neașteptat, nădejdea. E sensul încercării de acum. Să ne redescoperim nădejdea. De a crede ceea ce nu e de crezut, de a nădăjdui ceea ce nu poate fi nădăjduit ori să iubim ceea ce nu poate fi iubit. Asta înseamnă poema epică a creștinismului acestuia – un creștinism ultimativ, asemenea celui din zorii Învierii.

Ce avem de făcut? O spunem mereu că avem datoria de a rămâne oameni. Cuprinşi de toxicitatea ştirilor-neştiri şi a abuzului de inserţie a urii în pragul de lemn al crucii constatăm că avem un creştinism viu, dar niscaiva creştini sunt pierduţi prin mlaştina nedemnităţii. E tot mai complicat să-L auzi pe Hristos. Pentru că este un atent păstrător al liniştii, un Dumnezeu-Om care ne-a învăţat cea mai grea dintre lecţii. Lecţia fericirilor.

„Fiţi milostivi, precum şi Tatăl vostru este milostiv." (*Luca 6.31-36*)

Vorbind despre „pescuirea de oameni" la care cheamă Hristos pe Apostoli, să aflăm şi cum se alcătuieşte mreaja pentru pescuirea sufletelor întru Împărăţia cea văzută a lui Dumnezeu, care este Biserica. *Predica de pe Munte*, desfăşurată după tradiţie nu departe de locul pescuirii celei minunate, ne arată cum vede Dumnezeu efortul nostru de a accede întru Împărăţie. Chemare de preţ, *Evanghelia* consemnează în acest sens numai câteva versete. Dar textul Predicii întreg, în viziunea oferită de Luca, este remarcabil şi constituie, în întregul său, o frumoasă lecţie de chemare la îndumnezeire. Retras în munte, să se roage (*Luca 6.12*) – un Dumnezeu rugându-se chiar nu e de închipuit pentru mulţi –, Domnul Hristos, când se face ziuă, cheamă pe ucenici să le vorbească, coborând la loc şes (*Luca 6.17*). De pe corabia lui Simon în şesurile mirosind a mirt din culmile Muntelui ce din clipa aceea se va numi pentru veşnicie *Muntele Fericirilor*.

El Însuşi pare că pescuieşte în contra-curent cum i-a îndemnat pe ucenici în *Evanghelie*. Cuvintele nu sunt complicate, dar cad asemenea unor picături de răcoare pe sufletul aprins de aşteptarea mântuirii, rănesc pe legalişti – care numai ce vorbeau unii cu alții cum să-l omoare pe Domnul (*Luca 6.11*) şi parcă şuşotitul lor creşte, ajunge urlet de ură la clipa Golgotei –, dar oamenii veniți de pretutindeni (*Luca 6.17*) simt în El mântuirea de boală şi vindecarea de necunoaştere. Nu vă pare ciudat că astăzi tocmai El este acuzat că nu are puterea să ne vindece şi că a adus necunoştința în sufletul oamenilor? Necăutat cu inimă curată, Domnul nu se arată. Căci rostul Lui nu este doar să se vădească, ci şi să vădească sufletele noastre. Parcă în opoziție cu spectacolul dizgrațios, desigur, al scoaterii dracilor, vine liniştea Fericirilor (*Luca 6.20-23*). Şi neliniştea vai-urilor de după (*Luca 6.24-26*) care, într-un fel, explică nefericirea în care ne scăldăm azi.

În contextul continuării Fericirilor, explicării lor pentru oamenii ce gustaseră deja din puterea vindecării Sale, Domnul adaugă cuvintele de preț ale *Evangheliei*. Ne oferă dintâi un program de viață duhovnicească (*Luca 6.27-35*) în care predomină înțeleapta lecție a iubirii duşmanului. Greu digerabilă, să recunoaştem, de către cei care cred că pacea cu aproapele este doar „afişajul" unui zâmbet ieftin peste cultura care dărâmă *Evanghelia*. Peste textul acesta se aşază lecția Duminicii din *Duminica a XIX-a după Rusalii*. Căci în ea Domnul Hristos vorbeşte despre milostenie ca despre o virtute care se activează în iubire şi iertare, care nu stă atârnată în impersonal. Urmăriţi textul. Niciunul dintre îndemnuri nu este impersonal, aducându-ne aminte că bine fără suportul chipului lui Dumnezeu nu există. Dintâi schimbă legea talionului – ochi pentru ochi şi dinte pentru dinte – într-o incredibilă lecţie despre forţa iubirii: dacă iubiţi pe cei care vă iubesc, ce răsplată puteţi avea? Sună ultimativ pentru firile noastre şi pentru vieţile noastre. Priviţi la noi şi vedeţi cum ne construim relaţiile numai pe interese ca şi cum oamenii nu ar conta. Deloc. În sufletele noastre se aprind răutăţile cu viteza fulgerelor de vară, rănind, rupând din inima celorlalţi bucuria de a fi. Hristos Domnul spune simplu: „Fiţi celorlalţi tot ceea ce nu au! Fiţi vindecarea lor de lipsă!"

Este atât de logic în ceea ce spune, că până astăzi nu avem alt răspuns decât cel al mulţimilor. Care tac. Ni se mai amintesc câteodată reacţii ale mulţimii. Nu acum. Ce spunea era uluitor pentru oamenii aceia obişnuiţi să se bată pentru orice. Muţenia lor ne aduce aminte de muţenia peştilor. Domnul porneşte de la lucruri simple – a face bine, a împrumuta celui în nevoie, a iubi pe vrăjmaşi. Erau acolo. Trăitorii vieţii cotidiene în care toate acestea se întâmplau, dureros ori nedureros, asta era viaţa lor. Modelul oferit, al Tatălui Ceresc – Căruia, în viziunea *Evangheliei de la Matei*, i-a învăţat să se roage tot în *Predica de pe Munte* (*Matei 6.9-13*) –, este copleşitor: „că El este bun cu cei nemulţumitori şi răi!" (*Luca 6.35*) E locul unde înţelegi lecţia despre impresionanta boierie a lui Dumnezeu despre care, la noi, a vorbit la modul excepţional Nicolae Steinhardt. De altfel, tot de la minunatul Avvă Nicolae ne-a rămas şi sinteza Legii celei noi: „Crede, iubeşte şi nu te înfricoşa!" Ştia el, conaţionalul lui Iisus, umilitul, răstignitul şi zdrobitul monah că a fi fericit ţine în fond de libertatea de a nu avea nimic, absolut nimic. De a fi dezbrăcat de propria carne şi viaţă. O simţise din preaplin. Da. Dar Jurnalul lui este *Jurnalul Fericirii*, în timp ce raportările noastre de astăzi sunt Jurnale ale mulţumirii de sine.

Multă vreme am crezut şi eu, gustând din clişeele interpretării *Evangheliei* fără a citi din ea, că a fi milos e sub a iubi. Că mila, ca atare, milostivirea, este sub-specie. Mai ales că unii oameni spun des, fără să ştie de fapt ce spun, că stau lângă o persoană sau alta „din milă". Unii chiar se întreabă de ce mai stau cei care-i iubesc cu ei pentru că nu mai au nimic de oferit din ceea ce ofereau din belşug altădată. Îi aud şi-i auziţi des. Ca şi cum mila ar fi la coada virtuţilor, când, de fapt, ea este dinamizarea lor, fermentul ce dospeşte iubirea în fapte. Icoana milosteniei sesizată în Tatăl Ceresc nu poate fi o virtute *second hand*, să ne înţelegem. Nimic din ce vedem în lucrarea lui Dumnezeu nu poate fi ieftin, simplă chestiune de administrare financiară. De aici nevoia spiritualizării efortului de astăzi de a sta în preajma celui sărac, în nevoi ori pur și simplu în așteptarea morții. Nu. Nu doar banii rezolvă problema susținerii lumii. Dacă inimile care lucrează în domeniu nu sunt onest legate de Dumnezeu, fondurile se risipesc pe tot soiul de interese și obscure circumstanțe. Omul este chemat să fie sfânt și își dorește să fie geniu, trăgând de sine și forțând mereu mâna lui Dumnezeu. El ne cheamă însă să fim onești. Sinceri cu puterile și nevoile noastre. De altfel, întreaga continuare a acestui capitol și a *Evangheliei* ca atare ne vorbește despre onestitate. Avem un Dumnezeu onest și milostiv. Aici este sursa fericirilor noastre. Fericiri în care Hristos nu ne cere lucruri imposibile, ci ne învață că sursa fericirii este înfruntarea imposibilului – așa cum apare el la prima vedere. Dar pentru asta, vorba Sfântului Teofan Zăvorâtul, „vrednicia cea bună trebuie menținută nu doar pe dinafară ci și în inimă" (*Viața lăuntrică*, ed. a 4-a, Editura Sophia, 2021, pp. 159–162). Lucru fundamental înțelegerii momentelor prin care trecem. Fericirea începe prin curajul inimii de a lucra la ea. Și se desăvârșește în milostivirea către aproape. Cât de minunat surprinde aceasta Cuviosul Ioan Colov când ne spune că nu este cu putință să zidească cineva casa de sus în jos, ci de la temelie în sus. Și dinaintea ucenicilor nedumeriți spune: temelia, aproapele este, ca să-l câștig și să-l folosesc întâi (în sensul să-i fiu de folos!). Că de el sunt atârnate toate poruncile lui Hristos.

Temelia împlinirii poruncilor lui Dumnezeu este aproapele. Aproape smintitor când toată lumea, mai ales azi, vede credința doar ca pe un „acoperiș", ca pe o „mansardă" în care e liniște totală și Dumnezeu absentează. Or, Dumnezeu este în orice gest uman de milostivire și nimic altceva nu este mai puternic dumnezeiesc decât dragostea lucrătoare pentru aproapele. Crede, iubește și nu te înfricoșa! Fii aproapele celui care are nevoie de milostivirea ta. Și mai ales nu crede că astfel îl suplinești pe Dumnezeu, ci doar îl reflectezi în mod fericit în viața celuilalt și în a ta!

***

Ce ar mai fi de zis? O vom face probabil în timpul cât Dumnezeu ne va îngădui să o mai facem. Când vom fi plecați, undeva, într-un colț de bibliotecă și în această rogojină de carte pe care ne-am lăsat sufletele la vedere. Mulțumesc, Mihai, pentru prietenie. Și celor ce ne sunt prieteni ori dușmani, deopotrivă, sănătate. Nu mai e vreme de ură. De mușcat din morminte. Din văzduh, din bunici și părinți. E vremea să căutăm sens vieților noastre.

PĂRINTELE CONSTANTIN NECULA

BOOKZONE